Salzl · Wolfsteiner SCHWANDORF – von den Anfängen zur Gegenwart

Salzl · Wolfsteiner

Schwandorf

von den Anfängen zur Gegenwart

BUCH & KUNSTVERLAG OBERPFALZ

Wernher-von-Braun-Straße 1 · 92224 Amberg
ISBN 3-924350-30-2
Text: Josef Salzl und Alfred Wolfsteiner
Buchgestaltung: Günter Moser
Fotos: Gerhard Götz, Günter Moser, Konrad Jäger, Foto Schaffer, privat,
Heimatmuseum Schwandorf, Städtische Museen Regensburg,
Hauptstaatsarchiv München, Volkskundemuseum Burglengenfeld,
Universitätsbibliothek Würzburg, Staatsarchiv Amberg
Herstellung: Druckhaus Oberpfalz

Inhalt

SCHWANDORF - DIE GROSSE KREISSTADT

von Josef Salzl und Alfred Wolfsteiner

Dieses Buch erhebt keinen Anspruch, eine vollständige Chronik von Schwandorf zu sein. Es verwendet zwar sehr viel von dem, was Chronisten früherer Jahre mit viel Fleiß zusammengetragen haben, eine neue, umfassende Chronik sei Jüngeren überlassen.

Seit vielen Jahrzehnten beschäftige ich mich mit der Geschichte der Stadt Schwandorf. Bereits 1960 erschien das „Schwandorfer Heimatheft", das sich vor allem an die Kinder der Grundschulen wandte und eine Ergänzung des Sachunterrichts darstellen sollte.

In meiner Broschüre „Schwandorf - die große Kreisstadt" aus dem Jahre 1977 sprach ich einen größeren Leserkreis von Heimatinteressierten an. Dieses Heft ist schon lange vergriffen, doch immer wieder kamen Nachfragen nach einer kurzen Ortschronik von Schwandorf. Außerdem wuchs in den letzten Jahren das Interesse an der Heimatgeschichte.

Vieles hat sich seit 1977 in unserer Stadt verändert. Auch gewann man inzwischen neue Erkenntnisse über die Vor- und Frühgeschichte, besonders aber über die Zeit der slawischen Besiedlung, als unsere Heimat in der „terra slavorum" lag. Dies hat mich bewogen, trotz meiner angeschlagenen Gesundheit, an eine Neuauflage des Büchleins von 1977 zu denken.

Besonders danken möchte ich Herrn Alfred Wolfsteiner, der bereitwillig einen Teil der Neubearbeitung übernommen hat, die Chronologie fortschrieb und sich um einen Verleger bemühte.

Der Raiffeisenbank Schwandorf-Nittenau eG danken Autoren und Verlag für die freundliche Unterstützung.

Schwandorf, im Oktober 1993

ANFÄNGE EINER GEMEINSCHAFT - DIE NAAB

Ein kleines Sportflugzeug steigt vom Flugplatz Schwandorf-Charlottenhof auf. Langsam schraubt es sich höher und höher in den blauen Himmel, durch den vereinzelt große, weiße Wolken wandern. Tief unten liegt das Schwandorfer Naabbecken in den satten Farben des Sommers: das dunkle Grün der Kiefern- und Fichtenwälder, das leuchtende Gold reifenden Getreides, das klare Blau fischreicher Weiher und das wohltuende Grün der Wiesen und Flußauen. Mitten darin breitet sich die Stadt Schwandorf aus, die immer mehr hineingreift in die Landschaft. Von Nord nach Süd windet sich das silbrige Band der Naab. Vielleicht ist der Fluß das einzige, das sich im Laufe der letzten Jahrhunderte am wenigsten gewandelt hat.

Vor drei bis vier Jahrtausenden durchzog er ein weites Waldgebiet, das die Menschen der Jungsteinzeit durchstreiften. Eine durchbohrte Streitaxt, 1964 in Fronberg gefunden, und ein Steinkeil aus dem tertiären Ton bei Klardorf liefern den schlüssigen Beweis. Mehr als zweitausend Jahre alt ist der Angelhaken aus der Bronzezeit, der im Kiesgeröll der Naab die Zeiten überdauert hat. Wer hat ihn geformt? Wer hat ihn ausgelegt? Ein Illyrer? Vielleicht war es ein keltischer Siedler, der an den Ufern des Flusses seine Tage verlebte? Welche Art von Fischen muß unsere Naab durchpflügt haben, die Haken dieses Ausmaßes annahm? Fragen über Fragen um ein wohlgeformtes Stück aus Bronze!
Es war wohl die Naab, die die ersten Siedler in unseren Raum lockte. Der Fluß teilt sich hier in drei Arme und verliert dadurch an Tiefe. Er bot damit die Durchquerung, die Furt, an. Am Beginn der Siedlungsgeschichte Schwandorfs steht die Naab. Bereits 1006 beurkundet das Kloster St. Emmeram in Regensburg die Ortschaft an der Übergangsstelle, als der Sohn des Warmunt das Mönchsgewand begehrte. „In villa Suainicondorf iuxta ceruleum flumentum Naba" (in dem Ort Schwandorf neben dem wachsfarbenen Fluß Naab) berichtet eine Schrift aus dem Jahre 1011. Neuere Forschungen belegen, daß der Ortsname slawischen Ursprungs ist.
Die slawische Landnahme nach 610 hatte größeren Einfluß als bisher angenommen. Es gab zahlreiche Kriegszüge: Aventinus zählt von 844 bis 875 deren 14 gegen die Slawen auf. Von einem Vorstoß nach Böhmen kehrte König Heinrich im Jahre 929 an die Naab zurück (nach: 600 Jahre Stadtpfarrkirche Nabburg, S. 29 f.). Von diesen Kämpfen blieb sicher auch unser Heimatraum nicht verschont. In Krondorf fand man um 1800 Slawengräber, die als „der ältesten Stufe angehörig" bezeichnet wurden.
So werden die Ableitungen von Ortsnamen glaubhaft: Krondorf, früher Chrandorf, wird abgeleitet von altslawisch „chranit" = sich schützen; er war Vorposten, Schutz für die Siedlung Suainica = Schwandorf. Für Kronstetten, früher Granstetten oder C(h)ronstetten, gilt die gleiche Namensdeutung; Kronstetten war der Vorposten für Schwandorf und der Übergang über die Naab in Richtung Osten. An der Furt, an der Stelle, an der sich die Wege bündelten und zu einem Knoten verschmolzen, war der Platz für die Ansiedlung von Natur aus gegeben.
Dem Ort muß schon sehr früh eine gewisse wirtschaftliche Bedeutung zugesprochen werden, da eine Schiffslände (statio navalis) beurkundet ist. Den Standort muß man an der „Storchennaab" suchen,

etwa in der Nähe der früheren Stettnermühle. Der Fluß war in jener Zeit ein wichtiger Verkehrsweg.
Die Anlegestationen waren häufig Umschlagplätze. Dort wurden die Waren auf die Pferde oder auf Wagen verladen und in die nähere und weitere Umgebung gebracht. Es ist einleuchtend, daß sich Händler und Handwerker bald zu den bäuerlichen Siedlern gesellten, die aus dem Fluß das lebensnotwendige Wasser für Haus und Vieh schöpften, aber auch den Fischreichtum des Flusses zu nutzen verstanden. Der Ort nahm schnell einen beachtlichen Aufschwung, so daß er zum Ausgang des 13. Jahrhunderts schon als Markt erscheint. 1299 war die Stadt Schwandorf bereits eine bürgerliche Rechtsgemeinde mit den gleichen Rechten, wie sie die Stadt Amberg besaß. Die Urkunde von 1299 ist der Ausdruck einer langen, stetig aufsteigenden Entwicklung. Die Umfassung des besiedelten Lebensraumes mit einer festen Mauer hatte bedeutsame Folgen: Die Wehranlage bestimmte für Jahrhunderte die bauliche Entwicklung. Das Wissen um ein gemeinsames Schicksal in Notzeiten führte zum Gefühl einer zusammengehörenden, fest verbundenen Gemeinschaft. Die Mauer verdeutlichte stets den Stadtcharakter eines Ortes. Seit 1451 ist Schwandorf eine Stadt. Aus dem kleinen Flugzeug erkennen geschulte Augen die Entwicklungsstationen des Ortes: Um die Pfarrkirche den Mauerring, von dem die Chronik erzählt. Der Marktflekken, eingezwängt zwischen Weinberg und Naab, umfaßt den Raum zwischen dem Fluß, der Pfarrkirche St. Jakob, der Bergstraße und der Berggasse zur Breiten Straße entlang wieder bis zur Naab.
Der Stadtkern innerhalb der alten Stadtmauern ist auf alten Plänen nicht zu übersehen. Inzwischen ist der Siedlungsraum Schwandorfs nach allen Seiten ausgeufert. Neue Stadtteile, im Süden das Lindenviertel, im Osten das Kreuzbergviertel, auf dem Weinberg die „Siedlung", und das Wachstum Krondorfs zeigen das Bild einer aufstrebenden Stadt, die sich besonders nach dem Zweiten Weltkrieg weiterentwikkelt hat und mit den umliegenden Gemeinden verschmolzen ist.
Die Stadt, die 1852 noch weniger als 2000 Einwohner zählte, hat diese Zahl inzwischen vervielfacht.
An den Ufern der Naab liegt ein Zentrum, das dem Mittellauf des Flusses das Gepräge gibt.

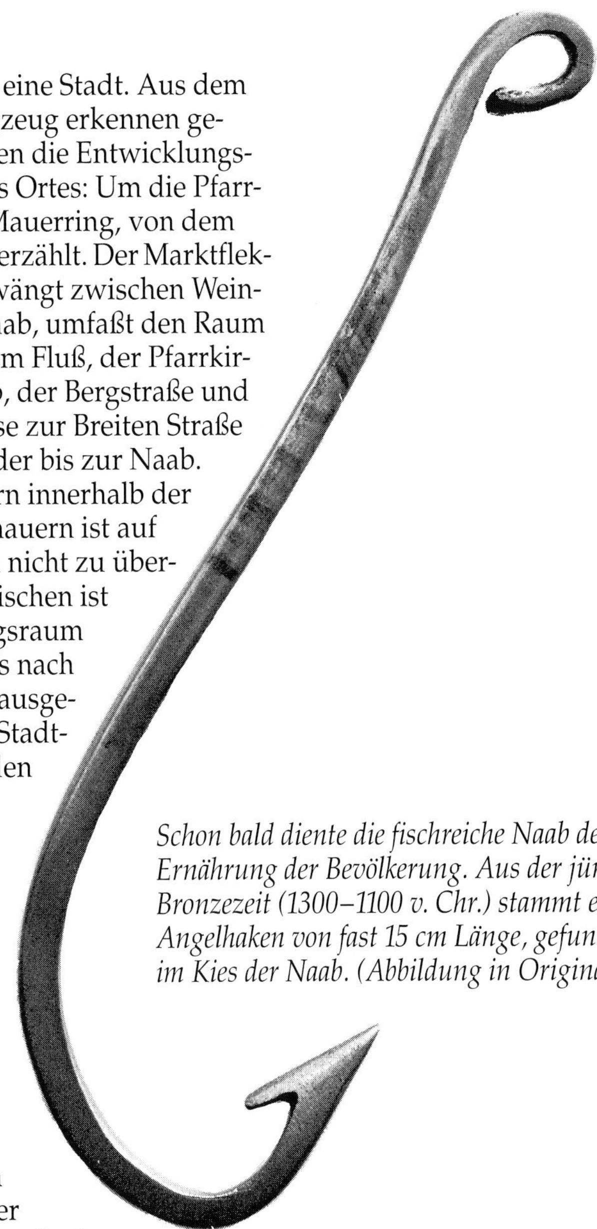

Schon bald diente die fischreiche Naab der Ernährung der Bevölkerung. Aus der jüngeren Bronzezeit (1300–1100 v. Chr.) stammt ein Angelhaken von fast 15 cm Länge, gefunden im Kies der Naab. (Abbildung in Originalgröße)

„Grundris des ehemaligen Pflegamts Schwandorf nach Christoph Vogel. Karte im Staatsarchiv Amberg aus dem Jahre 1825. (Plansammlung 508, Ausschnitt)

Morgenstimmung an der Naab

DAS WAPPEN DER STADT SCHWANDORF

Das Stadtwappen änderte sich im Laufe der Zeit mehrmals. Hier die heutige Form.

Das Stadtwappen Schwandorfs gleicht dem der Stadt Amberg bis auf den Stiefel. Es gibt leider keinen Wappenbrief, auch Abschriften davon fehlen. So war lange Zeit den Vermutungen, Sagen und Erzählungen genügend Raum gegeben.

Vom einheimischen Weinbau war die Rede. Der Landesherr hatte einen Becher Schwandorfer Weines gekostet. Das bodenständige Getränk soll er als „Stiefelwein" bezeichnet und den Stiefel ins Wappen gefügt haben.

Leute mit Phantasie erfanden eine Hirschjagd des Pfalzgrafen Ruprecht in den sumpfigen Naabauen. Bei der allzu ungestümen Verfolgung sei einer seiner Stiefel im Morast steckengeblieben. Als bei seinem Eintritt in die Stadt die biederen Schwandorfer wegen der einseitigen Fußbekleidung schmunzelten, soll er ihnen den Stiefel im Wappen vermacht haben. Leute mit noch mehr Phantasie schicken den Pfalzgrafen sogar auf die Pirsch nach badenden Mädchen in die Naab. Es ist sehr unwahrscheinlich, daß der Stiefel der Stadt zum Gespött dienen sollte, wie es die Sage wissen will. Das Verhältnis zwischen Herrschaft und Untertanen ließ dies zur damaligen Zeit nicht zu.

Als Herzog Rudolf 1299 zur Entgegennahme der Erbhuldigung nach Schwandorf kam, fiel ihm wohl das derbe, feste Schuhwerk seiner Untertanen besonders auf: Vermutlich trug man damals in Schwandorf den „Zischpen", also den slawischen Schaftstiefel, und so könnte der Stiefel in das Ortswappen gekommen sein.

Das Wappen führt im oberen Feld den Wittelsbacher Löwen der kurpfälzischen Linie. Das untere weiß-blaue Wappenfeld haben sich die Wittelsbacher durch die Erbheirat erworben: Ludwig der Kelheimer (gest. 1231) ehelichte die Witwe des letzten Grafen von Bogen, die schöne Böhmin Ludmilla. Das Wappenzeichen der Bogener, das weißblaue Rautenfeld, die „Wecken", kamen schließlich über die Wittelsbacher in das offizielle Staatswappen Bayerns.

Der slawische Ursprung des Ortsnamens Schwandorf

Der Name unserer Stadt hat weder mit „Schwan“ noch mit „Schwein“ eine gemeinsame Sprachwurzel. Bereits Johann Andreas Schmeller, der Verfasser des „Bayerischen Wörterbuches“, erkannte die besonders schwierige Deutung des Ortsnamens von Schwandorf. Durch die Veränderung der Schreibweise mit „k“ statt „c“ wurde das ursprünglich slawische Wortbild „suainica“ (sprich: schuainiza) verfälscht zu „Swainkendorf“. Bereits der Erlanger Sprachforscher Ernst Schwarz wies vor 1948 auf die slawische Lautfolge der Erstnennung hin. Während man ursprünglich die Verwendung eines Personennamens im Ortsnamen vermutete, was allerdings im Slawischen nicht üblich ist, dürfte „Suainica“ aus „suhai (sprich schuai = Bursche) und aus „nica“ (= Dorf) entstanden sein (vgl. „gorenica“ = Bergdorf, heute: Girnitz). Damit lautete der Ortsname Schwandorfs ursprünglich „Burschendorf“, eine Verbindung mit Mossendorf (= Männerdorf) ist gegeben.
Entscheidend ist, daß der Name von Schwandorf, genauso wie der Ortsname von Prissath, slawischen Ursprungs ist und der Ort zur Zeit der „terra Slavorum“ entstanden ist, als unsere Heimat in weiten Bereichen von slawischen Volksgruppen besiedelt war.

Das Stadtsiegel von 1552 aus der Sammlung des Hauptstaatsarchivs München.

DAS AUSHÄNGESCHILD – DER MARKTPLATZ

Schwandorf um 1800, wie es der Kallmünzer Maler Georg Hämmerl sah. In der Mitte des Marktplatzes stand bis 1808 das Rathaus mit seinem Treppengiebel. Das Amberger Tor, auch Spitaltor genannt, wurde wahrscheinlich 1847 abgerissen. Hämmerl hat es fälschlicherweise mit zwei Stockwerken gezeichnet.

Marktplätze haben ihren eigenen Charakter. Es gibt stolze, mit hochnäsigen Patrizierhäusern; traditionsbewußte, bewundernswerte wie etwa in Tölz; fröhliche, anmutige wie an Rhein und Mosel; betriebsame und auch solche, wo die Zeit stehengeblieben zu sein scheint.
Unser Marktplatz hat von jedem etwas, meist nicht viel. Vielleicht ist gerade das sein eigener, besonderer Charakter: eine gewisse liebenswerte Unzulänglichkeit.

Ihm fehlt die Wucht des Raumes, die ein Rechteck anbietet. Alt und neu, Tradition und moderne Zeit, behäbige Breite und engbrüstige Gedrängtheit, es ist alles da. Er ist nicht aufdringlich, sondern eher bescheiden: ein Oberpfälzer Marktplatz. Die Menschen dieser

Der Marktplatz um 1900. Der Turm der Jakobskirche trägt noch das Pyramidendach, das ihm nach dem Sturm von 1856 aufgesetzt wurde.

Landschaft haben ihn geformt. Diese fleißigen, willigen Leute mit ihrem schwach ausgeprägten Selbstbewußtsein, die pflichtgetreu ihre Tage füllten.
Es ist das alte Schwandorf, das uns der Marktplatz noch zu zeigen vermag. Schmale und breite Häuser, sparsam mit dem Platz, aber auch sparsam im Ornament, einige Treppengiebel, vereinzelt ein paar Schwünge. Aber alles hat eine unmißverständliche Linie, ein zentrales Ziel: das Gotteshaus. So wird der Marktplatz zum steingewordenen Ausdruck einer Vergangenheit ohne überragende, weltbewegte Geschichte; einer Vergangenheit, in der man sich zu bescheiden wußte und das Wissen um eine letzte absolute Gerechtigkeit mit Lohn und Strafe nie aus den Augen verlor.
Geräumig ist die Südseite. Die Häuserzeilen verjüngen den Platz nach Norden zu, ein langgezogenes Dreieck bildet die Fronten. Im spitzen Winkel steht die Pfarrkirche St. Jakob, ein unübersehbarer, sinnvoller Abschluß.

Kaum ein anderer Fleck Schwandorfs ist augenfälligeres Zeugnis eines stetigen Wandels der Stadt vom mittelalterlichen Marktflecken bis zum aufstrebenden Industrieort.
Mittelalterliches Gepräge läßt sich noch recht deutlich aus dem Bild des Malers Georg Hämmerl aus

Die zunehmende Motorisierung machte vor dem Marktplatz nicht halt: Er wurde „verkehrsgerecht" umgestaltet.

Kallmünz ablesen. Kurz vor 1800 ist es entstanden. Sicherlich kann es nicht mit der Genauigkeit eines Fotos Schritt halten. Dennoch vermittelt es einen vortrefflichen Gesamteindruck vom Ortsbild im Landschaftsraum. In den augenfälligen Besonderheiten wie Türmen, Toren, Naabufern, auch in den Vorstadtbildern dürfte die Darstellung weitgehend wirklichkeitsgetreu angefertigt sein.
Die Häuserzeile am Marktplatz mit den deutlich erkennbaren Treppen- und Schwungbogengiebeln ist leicht zu finden. Auffallend das stattliche Rathaus, mitten auf dem unteren Teil des Marktplatzes. In wuchtiger Breite ragt es stolz über die Bürgerhäuser hinweg, geschmückt von einem barocken Dachreiter. Man muß sich wohl in den Nachbarstädten Amberg und Weiden umsehen, um durch die dortigen Rathäuser eine ungefähre Vorstellung zu gewinnen, wie das Gebäude auf dem Marktplatz ausgesehen haben mag. Aus der Geschichte dieser Zeugen früheren Bürgersinns lassen sich dann Vergleiche finden über Verwendung und Ausstattung der Räume, angefangen vom großen Rathaussaal bis hinunter zu den Kellern. Diese hatten ihre Bestimmung als Waffenarsenale, als Gefängniszellen oder gar, wie in Regensburg, als Folterkammern. Im Jahre 1808 erfolgte der Abbruch, vermutlich wegen Baufälligkeit.
Rund um den Platz ließen sich die Handwerker, die Handelsleute, die Herbergswirte nieder. Der Marktplatz war der Kern des Marktes und der späteren Stadt.
Schwandorfs Durchgangslage, die Nähe der Naabbrücken, sie bestimmten von der Vergangenheit bis zur Gegenwart die gewerbliche Nutzung der Häuser.
Waren es vor 1800 vorwiegend Handwerker wie die Lebzelter, die Weiß- und Rotgerber, die Bäcker, Fleischhacker, so bestimmte die Einrichtung der Posthalterei 1742 beim Gastwirt „Zur weißen Schwanne" (heute Gasthof „Zur Post") eine Zunahme des Herbergs- und Gaststättengewerbes. Mehrere Häuser haben heute noch diese Verwendung. Der Eisenbahnbau (1859) veränderte die Lage. Südlich des Klostergartens bildete sich ein neuer Schwerpunkt. Für die Gasthäuser aus früherer Zeit mußte eine neue Aufgabe gesucht werden, oder sie verschwanden sogar gänzlich.
Im „Goldenen Kreuz" sind die Filiale eines Lebensmittelringes und Dienstleistungsbetriebe untergebracht. Wo einst der „Hirschenwirt" ausschenkte, werden heute Uhren verkauft. Das „Weiße Rößl" beherbergt ein Elektrogeschäft. In der „Goldenen Gans" bietet ein Kaufhaus seine Waren an. Der „Wilde Mann" wurde bereits vor dem Krieg ganz weggerissen, er war schon damals ein unbequemes Verkehrshindernis gewesen.

Im Rahmen der Stadtsanierung wurde der obere Marktplatz verkehrsberuhigt, der Mönchsbrunnen bildet dabei einen neuen Mittelpunkt. Immer noch ist der Marktplatz die „gute Stube" Schwandorfs, nicht nur während des Bürgerfestes.

Der Marktplatz und die neue Zeit

Neue Kräfte wurden entdeckt, neue Verkehrsmittel ersonnen. Eisenbahn und Autos, vor allem diese, setzten neue Maßstäbe. Lebensformen, Landschaftsbild, ja sogar Lebensinhalte erhielten durch die überhandnehmende Motorisierung einschneidende Veränderungen.

Der Marktplatz der Gegenwart hat sogar die Fassaden teilweise abgelegt, wie sie sich die Erinnerung wünscht. Die Häuser mußten den Anforderungen unserer Zeit entsprechen. Wirtschaftlichkeit, Raumnutzung und Hygiene zwangen zu Abbruch und vollständigem Neuaufbau.

Das holprige „Katzenkopfpflaster" wich soliden Granitpflastersteinen. Die noch vorhandenen Freiräume dienten den Autos als Parkplätze. Supermärkte, Banken, Feinbäckereien, Textil- und Elektrohandlungen liefen dem Gaststättengewerbe den Rang ab.

Der Schwandorfer Marktplatz, auf dem vor 100 Jahren die Leute in Gruppen umherstanden und den alltäglichen „Dischkurs" erledigten, bietet heute ein Abbild unserer Zeit mit all ihren Vorteilen und Möglichkeiten, allerdings auch mit allen Unzulänglichkeiten. Dazu gehört wohl auch die Hektik einer Durchgangsstraße mit allen Konsequenzen, das Konsumbedürfnis eines faszinierenden, wirtschaftlichen Aufschwunges und die räumliche Enge einer Stadt, die über ihre mittelalterlichen Mauern weit hinausgetreten ist. Der Marktplatz muß zwar heute noch eine Vielzahl an Betriebsamkeit und Verkehrsaufgaben verkraften, doch brachte die Autobahn und die Umgehung eine große Entlastung. Auch versuchte die Stadtsanierung in der Neugestaltung des Marktplatzes den Schwandorfern einen Teil der alten Beschaulichkeit am Marktplatz zurückzugeben. Vielleicht bieten sich auch in Zukunft mit neuen Verkehrskonzepten noch weitere Möglichkeiten.

ST. JAKOB AM MARKTPLATZ

Ein gotisches Kleinod

Immer wieder ist das steinerne Dreieck des Marktes mit dem Turm der St.-Jakobs-Kirche als Abschluß ein beliebtes Fotomotiv für Touristen. Im nördlichen Teil des Platzes, inzwischen verkehrsberuhigt, ist noch am meisten zu spüren vom Glanz und Zauber vergangener Zeiten: der Zusammenfluß der schutzsuchenden Häuser mit dem Kirchturm als dem augenfälligen, optischen Mittelpunkt.
Für die Jakobskirche gilt das Jahr 1400 als Baujahr. Portale und Fenster zeigen deutlich schlichte, spätgotische Handwerksarbeit. Ursprünglich hatte der Innenraum eine Flachdecke. Der italienische Baumeister Spineta zog 1678 ein Tonnengewölbe mit einem gefällig aufgegliederten Kreuzrippengewölbe ein. 1740, unter Pfarrer Völkl, schmückten ansprechende Fresken aus dem Leben des Apostels Jakobus die Wände. Im gleichen Jahre, es war die Blütezeit des Barocks, war die Umstellung auf diesen Kunststil durch eine gründliche „Renovierung" abgeschlossen. Die alte gotische Ausstattung des Altares und Gestühls mußte dem Kunstverständnis der damaligen Zeit weichen. Die Kirche wurde ein buntes, farbenfrohes Gotteshaus mit schwungvoll, handwerklich geschnitzten Barockbacken an den Stühlen und auch einem Altar, an dem sich die Freude unseres Stammes an Farben und Formen, am Ornament, wie überall in Bayern, ausleben kann. Wahrscheinlich erhielt damals auch der Turm die barocke Doppelhaube, die Georg Hämmerl in seinem Bild 1797 festgehalten hat. Die barocke Zwiebel fegte 1856 ein fürchterlicher Orkan vom Turm. Ein ganzes Jahrhundert pilgerten die Schwandorfer in Bittprozessionen wegen dieses Unglücks auf den Kreuzberg.
Am Kirchturm ist der gotische Einstieg mit der Jahreszahl 1483 noch erhalten. Nach dem Wirbelsturm von 1856 erhielt die Kirche drei Jahre später eine leicht abgesetzte, hohe Pyramide. Zum Ausgang des 19. Jahrhunderts wurde die Innenausstattung grundlegend geändert. Ein Regensburger Domkapitular namens Dengler befaßte sich mit der Aufgabe, stilreine Kirchen zu erreichen. Die barocken Altäre paßten nicht zum spätgotischen Bau und wurden entfernt. Der gegenwärtige Hochaltar ist nachgemachte „Dengler-Gotik". Zwar liegt eine gekonnte handwerkliche Meisterarbeit vor, doch leider ist sie nicht ursprünglich und echt.
Unmittelbar vor dem 1. Weltkrieg erhielt die Turmspitze die heute sich darbietende, sehr gefällige barocke Fassung. Der Architekt Hauberrisser hat sich dabei wohl des Hämmerlbildes als Vorlage bedient. Die frühere Turmuhr wurde tiefer gesetzt. In die Muschelschwünge unter der Kuppel wurden für die vier Himmelsrichtungen Uhren eingesetzt. Daß nun in Richtung Marktplatz zwei Uhren die Zeit ansagen, gibt immer wieder Anlaß zu einer Scherzfrage nach dem Warum. Die Antwort ist die „Kalauer-Weisheit", daß nunmehr gleichzeitig zwei Leute auf die Uhr sehen könnten.

In einer Turmnische wacht eine fast lebensgroße Figur des Apostels Jakobus des Älteren. Eine Hand hält eine Muschel, das Trinkgefäß der Pilger. Da sich Jakobus-Patrozinien von Prag bis nach Santiago de Compostella aneinanderreihen wie die Perlen an einer Schnur, nimmt man an, daß Schwandorf an einer alten Pilgerstraße lag, die von Böhmen nach Spanien zum Grab des Apostels führte.

Mehrmals wurde in unserem Jahrhundert die Kirche renoviert: 1927 (Innenrenovierung), 1945 (Beseitigung der Bombenschäden), 1966 (Dachstuhlerneuerung über dem Kirchenschiff), 1978 (Fußboden, Beichtstühle, Bänke), 1983 (Außenrestaurierung), 1985 (Innenrestaurierung).

Von dem italienischen Baumeister Pietro Spineta stammt das Tonnengewölbe mit den gefällig aufgegliederten Kreuzrippen. 1985 konnte die letzte Innen- und Außenrenovierung abgeschlossen werden.

SCHWANDORF ZWISCHEN MARKT UND STADT

Der mittelalterliche Ort

Die älteste bisher bekannte Ortsansicht von Schwandorf: Sie entstand vermutlich auf der Huldigungsreise des Pfalzgrafen Ottheinrich im Jahre 1541/42. Sie zeigt mit Mauer und Türmen die Wehrhaftigkeit der Stadt und die zahlreichen Weiher der Umgebung. Im idealisierten Hintergrund Schloß Fronberg sowie die Burgen Tännesberg („Denesperg"), Waldau (bei Vohenstrauß) und Leuchtenberg („Fürstenpurg").

Einen recht aufschlußreichen Beitrag zur Entwicklungsgeschichte Schwandorfs liefert der „Atlas von Bayern - Geologisch-Statistisches Handbuch zur Kenntniß des Zustandes von Bayern in seiner Gegenwärtigen Beschaffenheit für alle Stände". Das Buch mit dem umständlichen Titel erschien 1841 in Nürnberg. Es heißt dort über Schwandorf: „Städtchen an der Naab, worüber eine große Brücke führt, an der Straße von Burglengenfeld nach Böhmen und von Amberg nach Regensburg, im Landgericht Burglengenfeld, mit 274 Häusern, 1760 Einwohnern, dem Sitz eines Dekanes, 1 schöne Pfarrkirche mit 1 Grabstein von Hans Grav von Vestenberg (gest. 1564), 3 Kapellen, 1 Magistrat, 1 Rathause, 1 Spitale von den Brüdern Vogler gestiftet, 1 Postexpedition, Brauereien, 3 Mahl- und Schneidemühlen. Zur nahen Wallfahrtskirche Kreuzberg führt eine steinerne Stiege von alter Bauart, und zur Errichtung des ehemal. Kapuzinerklosters wirkten die Herren von Spirink mit."

Der Atlas berichtet weiter, der Ort liege in romantischer Gegend, 1147 bayer. Fuß über dem mittelländischen Meere und sei der ehemalige Kapitelsitz des Nordgaues gewesen. Im Jahre 1271 hätten die Grafen von Murach ihre Güter zwischen Schwandorf und Nabburg und den Flüssen Naab, Vils und Eschenbach um 585 Pfund an den Herzog Ludwig verkauft. Im Jahre 1319 hätte Ludwig der Bayer die Vogtei zu Grafenricht und den Zoll zu Schwandorf versetzt und 1299 sei Schwandorf „mit den Rechten und guten Gewohnheiten der Stadt Amberg" begnadet worden. Nach dieser Quelle ist Schwandorf bereits im Jahre 1411 zur Stadt erhoben worden.

Der historische Teil im „Atlas von Bayern" stammt sicher von jemandem, der sich seinerzeit mehr als üblich mit der Stadtgeschichte befaßt hat. Doch Schwandorf, in dem genannten Jahr 1411 an das Kloster Waldsassen verpfändet, wurde erst 1417 von Pfalzgraf Johann ausgelöst. Er bestätigte 1419 dem Ort die „allgemeinen Privilegien eines Marktes". Otto von Mosbach, seit 1448 in der Oberpfalz an der Regierung und in ständiger Geldnot, versuchte durch die Vergabe von Privilegien die Einkünfte zu verbessern. Die Schwandorfer mußten sich die Ehre, im Jahre 1451 Stadt zu werden, schon einiges kosten lassen, und daß es die Verschwendungssucht ihres Landesfürsten war, die ihnen zur Stadterhebung verhalf, dürfte den damaligen Ortsbewohnern wohl gleichgültig gewesen sein. Die Stadterhebung des Jahres 1451 setzte aber die Wehrfähigkeit und den Wehrwillen einer bürgerlichen Gemeinschaft voraus. Nur eine Stadtmauer ließ die Bezeichnung „Stadt" für eine Ortschaft zu.

Die Errichtung der Stadtmauer für Schwandorf steht aber sicher auch im Zusammenhang mit den Hussitenkriegen, die erst wenige Jahre zuvor, im Jahre 1433, in der Schlacht bei Hiltersried ihr Ende

Schematisierte Darstellung von Schwandorf nach einer Karte des 16. Jahrhunderts. (Staatsarchiv Amberg, Plansammlung 508, Ausschnitt)

gefunden hatten. Mehrfach war die Stadt Schwandorf gefährdet gewesen, und für das Jahr 1427 berichtet ein Chronist jener Zeit: In diesem Jahr „zogen die Hussiten über Cham, Walderbach, Schwandorf nach Hohenfels." Auch die Schwandorfer hatten schließlich ihren Beitrag zum Sieg über die Hussiten bei Hiltersried geliefert, kämpften sie doch unter ihrem Pfleger Ulrich Fronberger „nächst dem Panier".

Die bitteren Erfahrungen der Hussitenzeit dürften in Schwandorf zu dem Beschluß geführt haben, einen Mauerring um die Stadt zu errichten. Nur eine starke Mauer konnte vor unliebsamen Durchzügen gewalttätiger Heerhaufen, vor Plünderung und Gewalt schützen.

Die Stadtmauer, die an einigen Stellen die beachtliche Höhe von 17 Metern erreichte, kann aus alten Plänen in ihrer Linienführung noch deutlich festgestellt werden. Sie zog sich das Naabufer entlang, schloß das Spital ein und führte in einem scharfen Knick nach Osten. Dann verlief sie entlang der gegenwärtigen Weinbergstraße abwärts in Richtung Süden. Dort steht der heute noch am besten sichtbare Teil der Stadtbefestigung mit dem Blasturm. Weiter verlief sie die Bahnhofstraße entlang bis zum ehemaligen Kinateder-Anwesen. Dort sind im Hinterhof die Fundamente eines wuchtigen Rundsöllers erhalten. Teile der westwärts weitergebauten Mauer sind in der Stadtmauergasse noch erkennbar. Die Mauer schloß dann in der Gegend der früheren Salzgasse-Mulz den schützenden Ring um die Stadt.

Schwandorfs Stadtmauer hatte vier Tore. Das Amberger Tor an der Naabbrücke ist auf dem Hämmerlbild deutlich sichtbar. Das Böhmische Tor hat in der Nähe der Gerhardingerschule die Ausfahrt nach Norden bewacht. Noch im 18. Jahrhundert wurde es Teil eines Wohnhauses. Das Regensburger Tor, sicher das repräsentativste Bollwerk, stand in der Verengung der Friedrich-Ebert-Straße beim Uhrengeschäft Schreiner. Noch 1955 trug das etwas zurückgesetzte Kölbl-Anwesen die Aufschrift „Zum Torbäck". Hämmerl vermerkt ein sehr auffälliges Bauwerk mit einem auffallenden Zwiebelturm. Das 1870 abgebrochene Ettmannsdorfer Tor befand sich in der Verlängerung der Stadtmauergasse, etwa beim Popp-Hafner.

Das Baumaterial für die Stadtmauer lieferten die Sandsteinbrüche des Holzberges entlang der Wakkersdorfer Straße. Der Geograph Vogel zeichnete im Jahre 1600 den „Stainbruch" auf einer Linie zwischen Salvatorkirche und „Spihlberg" auf, heute etwa zwischen den Einmündungen der Kant- und Ruselstraße in die Wackersdorfer Straße (B 85).

Bildliche Zeugnisse existieren noch von einem Wehrturm, der zwischen dem Blasturm und dem Regensburger Tor stand. Im Volksmund hieß er der „Krausenturm", nach einem früheren Besitzer so genannt. Im Jahre 1799 wurde er noch als Stadtgefängnis verwendet.

Die Erfindung des Schießpulvers leitete eine neue Zeit ein. Die Stadtmauern verloren ihren Schutzwert, die Kanonen waren stärker.

Die Lage der Stadt, eingeengt zwischen dem Hang des „Schwandorfer Berges" und der Naab, zwang von der Verkehrslage her zu einer Lösung. Während andere Städte ihr mittelalterliches Stadtbild weitgehend bewahren konnten, sah man in Schwandorf in den Toren nichts anderes, als unbequeme, ja lästige Hindernisse, wenn sich beispielsweise beim „Reimbäck" (Reibn = ugs. für Kurve) Langholzfuhrwerke durch das Amberger Tor quälen mußten.

Die Tore, Zeugnisse bürgerlichen Wehrwillens und städtischen Selbstbewußtseins, sie mußten weichen. Das Expansionsstreben einer fleißigen Stadt trieb den Siedlungsraum bald über die Mauern hinaus in die Fluren der Naabsenke. Die Stadtbefestigung hatte ausgedient.

DER BLASTURM

Der Blasturm – das einzig erhaltengebliebene Zeugnis der alten Stadtbefestigung.

Großes Glück hatte er, der Blasturm von Schwandorf. Mehr als ein halbes Jahrtausend hat er überstanden. Zum einen steht er nicht auf einer der vielbefahrenen Verkehrsadern der Stadt, sondern auf halber Höhe des Weinberges; dort war er niemandem im Wege - und die Spitzhacke verschonte ihn. Zum anderen ist er stabil gebaut, für einen Turmbau des ausgehenden Mittelalters recht geräumig, so daß man ihn zur Not auch als Wohnung einrichten konnte - und auch benützte. Auch das hinderte kühne Stadtplaner, den Abbruch von einem Tag auf den anderen durchzuführen. Schließlich kam 1825 mit Ludwig I. in Bayern ein König an die Regierung, der den Gemeinden energisch verdeutlichte, daß man Zeugnisse der Vergangenheit erhalten müsse.

So steht der Turm noch heute neben der Auffahrt zum Weinberg, wuchtig, eindrucksvoll, der letzte augenfällige Überrest einer einst ummauerten Stadt. Ursprünglich hieß er Neuturm. Auf dem höchsten Punkt der alten Befestigungsanlage erbaut, diente er als Wachtturm. Er besaß keine Tordurchfahrt; der Türmer bewohnte die Räume hinter den schützenden Wänden.

Auch die Aufgabe des Türmers änderte sich im Laufe der Zeiten. Während er bis in die Jahre nach

Konrad Max Kunz, der Komponist der Bayern-Hymne, wurde 1812 im Blasturm geboren.

dem unseligen 30jährigen Krieg vornehmlich die wachsamen Augen auf die nähere Umgebung richtete, ob nicht von irgendwoher ein Soldatenhaufen angerückt kam, mußte er später das Hauptaugenmerk den eng zusammengepferchten Dächern der Stadt widmen. Wehe, wenn irgendwo ein verdächtiges Wölkchen sich emporringelte oder gar die ersten Flammen züngelten! Man muß sich nur ein wenig hineindenken in das Leben einer Stadt vor wenigen hundert Jahren: Offenes Licht und offener Herd in den Wohnräumen, die Häuser klebten eng aneinander. An den Außenwänden stapelte man das Brennholz. Noch duckten sich die Häuser unter schweren Stroh- und Schilfdächern. Nur die reichen Bürger ließen sie mit teuren Ziegeln decken. Wenn irgendwo ein Brandherd entdeckt war, mußte jeder mit zupacken. Die Feuerschutzordnung von 1553 befahl jedem, „er sei Burger oder Inwohner, Knecht oder Maid“, zu helfen und zu retten. Nur so konnte es gelingen, eine Katastrophe abzuwenden.
Der Türmer hatte ursprünglich das Feuerhorn zu blasen und damit die Leute zu rufen. Im helmbewehrten Türmchen hing später das Feuerglöckchen, mit dem bis spät ins 19. Jahrhundert zur Erinnerung an den Sieg über die Hussiten am Michaelitage 1433 täglich der „Hußaus“ geläutet wurde.
Einer der Türmer war um 1800 Michael Kunz, dem 1812 in einer dämmrigen Stube ein Sohn Konrad Max geboren wurde. Max Kunz wurde mit 33 Jahren Chordirektor der königlichen Oper zu München. Er formte den Theaterchor zu einem der besten in ganz Deutschland. Er ist der Schöpfer der Melodie der Bayernhymne „Gott mit dir, du Land der Bayern“. Die Erfindungen der Neuzeit erübrigten das Amt des Stadttürmers. Die Nachrichtentechnik lieferte schnellere und zuverlässigere Alarmeinrichtungen.
Der Blasturm stand längere Zeit leer, nachdem der letzte Türmer Luschner verstorben war. Vor und unmittelbar nach dem 2. Weltkrieg diente er als Heimatmuseum. Gegenwärtig wird der gut gepflegte Blasturm von der Stadtverwaltung genutzt.
Eine besondere Auszeichnung erfuhr dieser Überrest der Stadtbefestigung durch den Maler Carl Spitzweg, der vor mehr als hundert Jahren (um 1858) eine Ölskizze anfertigte, die er „Schwandorfer Stadtturm im Mondschein“ nannte.
Spitzweg, der Maler der Idylle, mußte von seiner Münchener Wohnung aus zusehen, wie alte Bürgerhäuser, mitunter auch mit bedeutungsvoll-künstlerischem oder geschichtlichem Wert, einer modernen Stadtplanung weichen mußten. Vielleicht kam daher seine Vorliebe, Zeugnisse und Begebenheiten vergangener Zeiten liebevoll in sein künstlerisches Schaffen einzubeziehen.
Der Blasturm, dieses letzte, deutlich sichtbare Stück einer einst wehrhaften Stadt, hatte es auch ihm angetan. Er hieß die ersten Jahre „Neuturm“, später „Blasturm“, gelegentlich sagen alte Leute nach dem letzten Türmer auch „Luschnerturm“. „Stadtturm“, wie ihn Spitzweg bezeichnete, hieß er nie. Der Maler konnte das auch nicht so genau wissen. Er war ja nur auf der Durchreise.

SCHWANDORF IN SCHWERER ZEIT

Georg der Reiche, Herzog des Niederen Baierns, war 1503 gestorben. Er setzte seinen Schwiegersohn Ruprecht von der Pfalz als Erben seiner Lande ein, dem die Tochter Elisabeth drei Söhne geboren hatte: Georg, Ottheinrich und Philipp. Nach dem Reichsrecht konnte der oberbayerische Herzog Albrecht IV., der Weise, Erbansprüche geltend machen. Albrecht hatte die Stände im umstrittenen Territorium auf seiner Seite, ebenfalls den Kaiser Maximilian I., den Schwäbischen Bund und einige kleinere Fürsten. Die Partei Ruprechts hatte im Böhmenkönig und im Kurfürsten von der Pfalz starke Verbündete. Vermittlungsversuche zwischen den Streitenden scheiterten. Es kam zum sogenannnten „Landshuter Erbfolgekrieg".

Die Fürsten stritten um das Land, die Bevölkerung mußte unsagbares Leid über sich ergehen lassen. Ein zeitgenössischer Schreiber hat das Schicksal Schwandorfs in Verse gesetzt:

„Ich will von Schwandorf heben an:
Am Mittwoch nach Fronleichnamstag
belagertens die Stadt drei ganze Tag
Sie hielten fest als biedere Leut.
Den Pfalzgrävischen gaben sie Bescheid,
sollten gegen Amberg ziehn wieder heim.
Eine große Büxe lassens stehn,
hatten auch da viele Männer verlorn.
Acht ganze Wochen tat's ihnen Zorn.
Am Dienstag nach Sankt Laurenti
mit 6000 Mann waren's wieder hie,
die Büxen wolltens wieder haben,
und lagen bis auf den vierten Tag;
machten mit ihnen ein Vertrag.
Mit solchen Worten warens überredt,
daß man ihnen die Tor auftät.
Man kann nicht allzeit, wie man will,
die Böhmen waren da zu viel;
ihren Worten tätens nicht nachkommen,
Schwandorf deshalb hat Schaden genommen.
Als viele der ihren ergriffen, wurden gefangen,
gen Amberg tätens mit ihnen prangen.
Alle ihre varnuß tät man ihnen nehmen,
und tät dazu die Stadt ausbrennen.
Fürter tätens nach Lengfeld rennen."

Das Gedicht eines unbekannten Verfassers ist dem sprachlichen Ausdruck unserer Zeit angeglichen, so daß nur wenige Erklärungen zum Verständnis erforderlich sind.
Der Mittwoch nach Fronleichnam war 1504 der 12. Juni; „biedere Leut" = tüchtige, rechtschaffene Leute; die Pfalzgrävischen" = Anhänger Ruprechts unter dem Befehl der Freiherrn v. Eyb und v. Feilitsch; büxen = ein vier Zentner schweres Feldgeschütz; die „Böhmischen" standen unter dem Befehl von Janowitz v. Sternberg und v. Thein; der „vertrag" sah vor, daß die 80 Mann starke Besatzung freien Abzug erhalten und die Bürger durch Zahlung von 3000 Gulden ohne Brandschatzung davonkommen sollten; „die thor auffthät": Die Einnahme Schwandorfs erfolgte am 11. August 1504; „prangen" = sich zieren, angeben; „varnuß" = Fahrnis = bewegliches Eigentum.
In wenigen, holprigen Reimen wird das Unglück einer Gemeinschaft erzählt: Der Mut der Verzweiflung einer belagerten Stadt,

der Abzug, der zweite Angriff nach acht Wochen. Man verhandelt und hofft auf einen halbwegs annehmbaren Ausgang. Die Kapitulation vor der Übermacht leitet entsetzliches Leid ein: die Mitnahme der Geiseln, man brüstet sich mit dieser schändlichen Tat; die Ausplünderung und schließlich die Vernichtung der Stadt durch das Feuer. Nach alter Überlieferung sollen noch fünf bewohnbare Häuser geblieben sein.
Schicksal einer Stadt, weil sich die Fürsten um die Erbschaft stritten.

Anno 1796

Wenn die Steine der alten Häuser am Marktplatz reden könnten, dann würden sie erzählen von den Schrecken des 30jährigen Krieges, die Einnahme der Stadt durch den Schwedengeneral Baner im Januar 1641, von der Pest, von den gnadenlosen Unerbittlichkeiten einer grauenvollen Zeit.
Auch das Jahr 1796 dürften sie kaum vergessen: Nahe beim Turm der St.-Jakobs-Kirche steckt über der Eingangstür eines Wohn- und Geschäftshauses eine eiserne Kugel, so groß wie eine geballte Männerfaust. Der Rost hat Runzeln und Furchen in die einst glatte Oberfläche gefressen. Fast 200 Jahre lang hatte er Zeit zu seinem unmerklichen Tun.
Es war im Jahre 1796. In Frankreich ging alles drunter und drüber. Man hatte den König gestürzt. Er und Tausende seiner Anhänger wurden öffentlich enthauptet. Sogar seine Frau mußte sterben. Sie war die Tochter des Kaisers, der in Wien regierte. Also gab es Krieg zwischen Frankreich und Österreich. Und hier, an der Naab, trafen sich die feindlichen Armeen. Drüben auf den Richter Höhen stand der französische General Jourdan mit seinen Revolutionssoldaten, auf dem Weinberg hatte der österreichische General von Stader seine Geschütze verteilt. Am 20. August begann der Kampf um die Naab. Drei Tage lang dauerte die Beschießung. Allzuviel Schaden dürften die Kugeln nicht angerichtet haben. Die Chronik berichtet von einer Dienstmagd, die nahe der Mulz den Kopf zum Dachfenster hinaussteckte: Sie bezahlte ihre Neugier mit dem Leben. Am alten Wasserturm nahe der Knabenrealschule wurden 1933 beim Straßenbau einige Skelette gefunden. An den Rockknöpfen erkannte man, daß an dieser Stelle österreichische Soldaten begraben worden waren. Offenbar waren es junge Menschen, die fern ihrer schönen Heimat hier von der tödlichen Kugel getroffen wurden oder einer der damaligen Volksseuchen erlagen. Mit den fremden Soldaten war nämlich auch der Typhus nach Schwandorf gekommen. Auf einer Votivtafel in der Kreuzbergkirche ist die Beschießung von 1796 dargestellt. Sie erinnert daran, daß die Stadt nicht erstürmt wurde. Erzherzog Karl hatte bei Deining (in der Nähe von Neumarkt) einen beachtlichen Erfolg errungen und dadurch den allgemeinen Rückzug der Franzosen eingeleitet.
Was eine alte eiserne Kugel doch alles zu erzählen weiß: Weltgeschichtliche Ereignisse wie die Französische Revolution, die Napoleonischen Kriege, aber auch das trostlose Sterben junger, lebensfroher Menschen in der Fremde, das alles ist in diesem Stück Erz eingeschlossen.

SCHWANDORF ZWISCHEN DEN BEIDEN WELTKRIEGEN

Die verlorene Sicherheit

Aus dem kleinen Landstädtchen wurde mit der Eisenbahn ein wichtiger Verkehrsknotenpunkt.

Schon während der Kriegsjahre trat im patriotischen Empfinden der wilhelminischen Ära eine Ernüchterung ein. Die Stimmen, die dem Kaiser die Schuld an allem Unglück gaben, mehrten sich. Die sich abzeichnende militärische Niederlage, der Hunger und die allgemeine Not besiegelten das Ende der Monarchie.

Schwandorfs Bürgermeister Lampart war am 7. November 1918 in München gewesen. Als unmittelbarer Zeuge der Revolution rief er am folgenden Tage die Magistratsräte zusammen und berichtete über die Ereignisse in München. In einem Erlaß wurde die Bevölkerung der Stadt um Besonnenheit

gebeten. Am 10. November sprach „am Sand" der Genosse Burgau aus Regensburg zu etwa 3000 bis 4000 Zuhörern über die Revolution und forderte die Bildung eines Arbeiter- und Soldatenrates. In der Stadt lagen etwa 1200 Mann Militär. Als Arbeiterräte konstituierten sich Walbrunn, Grauvogel und Brandl. Soldatenrat war der Lehrer Stich aus Fronberg. Am 11. November wurde nachmittags auf dem Rathause die rote Fahne gehißt, was die braven Stadtväter „ohne Erinnerung" zur Kenntnis nahmen. Die Räte tagten im Rektorenzimmer des Knabenschulhauses und erhielten pro Tag 10 Mark Entschädigung.
Am 17. November bildete sich auch ein Bauernrat (Obelt, Weinisch, Retzer), dem später ein „geistiger Arbeiterrat" (Gerichtsassistent Weiß) folgte. Der Bürgermeister stellte fest, daß „die Umwälzung sich bisher in Ruhe und Ordnung vollzogen habe, was der gesamten Bevölkerung zum Vorteil und zur Ehre gereiche." Natürlich gab es auch kleinere Zusammenstöße, das Abreißen von Kokarden und ähnliches, aber gemessen an den blutigen Gewaltakten anderswo war es im Grunde genommen ein bescheidenes, provinzielles Revolutiönchen.
Die Arbeit im Rathause bestimmte im wesentlichen die Sorge um die Ernährung der Bevölkerung.

Die Bahnhofstraße um 1930: links der Turm, der beim Bombenangriff zerstörten evangelischen Kirche.

Schwandorf, vom Weinberg aus, im Jahre 1910.

Die Regensburger Straße (heute Friedrich-Ebert-Straße) in Richtung Marktplatz. Aufnahme um 1910.

Nebenbei zerbrach man sich den Kopf, wie man die heimkehrenden Krieger empfangen müsse: Mit Triumphbogen am Bahnhof, 2 Maß Bier, 2 Zigarren, 1 Pfd. Fleisch und 1 Pfd. Weizenmehl je Krieger der „Front und Etappe". (Beschluß vom 24. 11. 1918). Da es aber innerhalb der Stadt zwischen den einquartierten Soldaten und der Bevölkerung des öfteren zu Unstimmigkeiten kam, vertagte man die Empfangsfeier bis nach dem Abzug der einquartierten Soldaten.

Das Jahr 1919 begann gleich mit einem Paukenschlag. Am 12. Januar 1919 sollte der Landtag gewählt werden. Der Kandidat der Bayerischen Volkspartei, Bürgermeister Lampart, wollte am 1. Januar 1919 in Burglengenfeld eine Wahlrede halten. Er wurde am Reden gehindert, mißhandelt und mußte zu Fuß nach Schwandorf flüchten. In Teublitz kam ihm der Baumeister Fröhler mit einer Kutsche entgegen. Die erste Wahl der jungen Demokratie erbrachte folgendes Ergebnis: Bayer. Volkspartei 1645 Stimmen, Bauernbund 88 Stimmen, Berufsunteroffiziere 29 Stimmen, Deutsche Volkspartei 572 Stimmen, SPD 1794 Stimmen, USPD 3 Stimmen, National-Liberale Partei 11 Stimmen.

Im Jahre 1906 wurde Schwandorf der Sitz der Bayerischen Braunkohlen-Actien-Gesellschaft (BBI). Am Platz des ehemaligen Direktionsgebäudes steht heute das Finanzamt.

Die Wirren nach der Erschießung Kurt Eisners und die Ausrufung der Räterepublik nach sowjetischem Vorbild brachte abermals Unruhe in das Städtchen an der Naab.
Die Entscheidung, ob die Räteregierung anerkannt werden sollte, überließ der Magistrat der „organisierten Arbeiterschaft". Die Führer der Arbeiterschaft zögerten mit der Entscheidung. Sie verboten zwar die Veröffentlichung des seit 7. April 1919 bestehenden Kriegsrechtes. Da man aber wußte, daß das Land treu zur Regierung Hoffmann stand, durfte man die Lebenmittelversorgung der Stadt nicht aufs Spiel setzen. Der Laib Brot im Schubladen wog trotz allem schwerer als alle Parolen.
Ein typisches Zeichen für die Unsicherheit in der Stadt ist der Beschluß vom 22. April 1919. „Der Aufruf zur Bildung von Freikorps wird mit Rücksicht auf die geteilte Stimmung in der Arbeiterschaft unterlassen." Im nahen Wackersdorf hatte man sich für die Räteregierung entschieden. Bürger der Stadt Schwandorf forderten darauf Militär aus Regensburg an. Im Braunkohlenwerk wollten radikale Elemente die Pumpanlagen zerstören und das Werk außer Betrieb setzen. Die Verhaftung der „Rädelsführer" Labersweiler und Zitzler bereitete dem Ganzen ein Ende. In der Stadt wollte man eine örtliche Volkswehr bilden. Die Magistratsräte Glätzl und Donhauser sollten sie im Verein mit dem Soldatenrat Stich organisieren. Die Tageszeitung rief laufend zum Beitritt ins Freikorps auf. Schließlich erwachte auch im Lande das Bürgertum aus der Lethargie. Der Isener Forstrat Georg Escherich (geb. am 4. Januar 1870 in Schwandorf) organisierte als „Landeshauptmann" die Niederwerfung der Revolution und war seinerzeit der „ungekrönte König Bayerns". (Nach Hubensteiner, Bayer. Geschichte)

ASCHERMITTWOCH, 5. MÄRZ 1919

Ein Pulverlager explodiert

In irgendeinem Bürgerhaus. Langsam rückte der Zeiger des alten Regulators über das vergilbte Zifferblatt. Es war kurz vor 15 Uhr. Ein eintöniger, etwas langweiliger Nachmittag, auf dem die leise Schwermut eines tiefernst empfundenen und gelebten Fast- und Abstinenztages lastete, kroch träge dahin.

Kurz nach 15 Uhr zerriß ein fürchterlicher Donnerschlag die beschauliche Stille. Die Fensterscheiben klirrten in die Stuben, Türen knallten aus den Angeln, Dachziegel zerplatzten auf den Pflastersteinen. Die Mauern der Häuser erzitterten in ihren Fundamenten. Erschreckt stürzten die Menschen ins Freie. Über dem Weinberg, nahe dem Kruckental, quoll groß und unheilvoll eine schwarze Rauchwolke lautlos in den Nachmittagshimmel.

Allmählich sickerte die Wahrheit über die Ursache des schrecklichen Geschehnisses durch das Gestrüpp der ersten wilden Gerüchte. Das Pulverlager beim Bergwagner-Stadel, dort wo heute das Schützenheim steht, war in die Luft geflogen. Die entsetzten Menschen suchten nach ihren Angehörigen, sie sahen sich um nach ihren Häusern. Die leeren Fensterhöhlen blickten wie tote Augen aus den Wänden. Dächer, teilweise oder ganz von Ziegeln entblößt, reckten ihr Gebälk in die flirrende Luft. Eine Tote und 40 bis 50 Verletzte meldete die Zeitung am folgenden Tag.

Während des ersten Weltkrieges wurden im Ostteil des Tonwerkes Lydit und ähnliche Explosivstoffe hergestellt. Man lagerte sie in einem Schuppen vor den Häusern der Stadt. Ein Nachkommando des Grenzschutz-Bataillons 54 unter Oberleutnant Schindhelm bewachte sie. Ein Wachtposten hatte die Explosion ausgelöst. Die Zeitung sprach von Mutwillen. Es gab auch Gerüchte, daß die Vernichtung des Pulvers einem vorsätzlichen Plan entsprach. Sie erhielten reichlich Nahrung deshalb, weil sich übergeordnete Militärstellen unverzüglich einschalteten und sich durchaus nicht kleinlich bei der Behebung der Schäden zeigten.

Am 9. März 1919 meldete die Tageszeitung, daß am vorausgegangenen Sonntag „eine Völkerwanderung von Schaulustigen aus nah und fern" durch die Straßen der Stadt gezogen war.

Die Erbitterung gegen die einquartierten Soldaten stieg verständlicherweise rasch an, und Oberleutnant Schindhelm verließ mit seinem Nachkommando schleunigst Schwandorf.

AUF DEM WEG ZUM PARTEIEN-GELENKTEN VOLKSSTAAT

Zwischen den Weltkriegen

Am 15. Juni 1919 war die erste Gemeinderatswahl. Die Bevölkerung wußte mit Wahlen anscheinend noch wenig anzufangen. Von 3848 Stimmberechtigten machten nur 2109 von ihrem Stimmrecht Gebrauch. Die BVP erhielt 826 Stimmen (8 Sitze), die SPD 744 (8), die Deutsche Demokratische Partei 326 (3) und die Partei der Hausbesitzer 177 Stimmen (1 Sitz).
Bei der Bürgermeisterwahl am 23. November enthielten sich die SPD und USPD der Stimme. Von 1195 abgegebenen Stimmen erhielt Bürgermeister Lampart 1192 Stimmen. Er konnte am 19. Dezember 1919 die Glückwünsche des Innenministeriums entgegennehmen, daß die Stadt am 1. Januar 1920 die Unmittelbarkeit erlangen würde. Die Auslösung aus dem Bezirksverband Burglengenfeld kostete rund 100 000 Mark.
Die folgenden Jahre standen ganz im Zeichen der Geldentwertung. „Wir sind alle Millionäre", berichtete sarkastisch das „Tagblatt". Die Druckpressen des Reiches bewältigten das Tempo der Inflation nicht mehr. So druckte man in Schwandorf selbst Geldscheine mit Zahlenwerten von astronomischen Ausmaßen. Am 23. Oktober 1923 spuckten die Druckerpressen 1500 Scheine zu 200 Milliarden, 1000 Scheine zu 500 Milliarden aus. Die am gleichen Tag gedruckten 1000 Billionenscheine kamen nicht zur Ausgabe. Der Stadtrat ging schließlich zur Bierwährung über und verlangte für verschiedene Dienstleistungen etwa den Betrag, der augenblicklich für zwei Maß Bier bezahlt wurde. Und damit bekommt sogar diese Katastrophe in der Erinnerung einen altbayerischen, versöhnlichen Akzent.
Die Inflation traf die Schwandorfer an einer sehr empfindlichen Stelle, am Geldbeutel. Sehr schwer wog auch der ideelle Schaden. Die

Goldmarkzeit des Königreiches Bayern bot immerhin stabile Sicherheiten. Die von den Vätern ererbten Taler bedeuteten ein solides Fundament, auf dem sich aufbauen ließ. Die Inflation erschütterte zutiefst das seit Generationen gefestigte Vertrauen in die staatliche Ordnung und in den Staat selbst.
Belastet von den Folgen des verlorenen Krieges, von den unerfüllbaren Forderungen der Siegermächte, vom Mißtrauen in die junge Demokratie, sollte ein neues Staatswesen aufgebaut werden. Die Bauleute, brave Untertanen von einst, waren unkundig der Spielregeln eines parteiengelenkten Volksstaates. Das konnte eigentlich nur schiefgehen.
Getragen wurde das Spiel innerhalb der Schwandorfer Mauern von den Parteien, zunächst der Bayerischen Volkspartei, den Sozialdemokraten und den Deutschen Demokraten. Kommunisten und Nationalsozialisten traten erst später an. Alsbald hatten die verschiedenen Gruppen ihre profilierten Persönlichkeiten. Diese waren es, welche der Ära zwischen Monarchie und „Drittem Reich" das Gepräge gaben.
Bei den „Schwarzen" war es wohl der Kaufmann Josef Krempl. Vollgepackt mit Wissen und grundgescheit, war doch seine Rede- und Handlungsweise viel mehr vom Emotionalen her bestimmt als vom Intellekt. Das ist so typisch altbayerisch wie eine nahezu naive Vertrauensseligkeit, die seinen politischen Widersachern schon die Gegenzüge anbot, bevor man die Trümpfe ausgekartet hatte. Und auch die beharrliche Hartnäckigkeit, mit der er, verlacht und geschmäht, seine Ideen verfocht, sind ebenso echt bayerische Wesenszüge wie die Streitlust, mit der er mit den „Roten" und „Braunen" die Klingen kreuzte. Dabei war doch alles etwas abweichend von der großen Linie, vom Parteidogma: der Katholizismus militanter, die Rede hitziger, das Wort mitunter unbedachter. Alles eben provinzieller, ein Stück vom echten Schwandorf.
Sein profiliertester Gegner bei den Sozialdemokraten war weniger der kühle Fraktionssprecher Geißler, sondern der Maurer und spätere Bauunternehmer Josef Wankerl. Auch bei ihm finden wir echte bayerische Wesenszüge, die sich ganz entschieden abheben vom pragmatischen Sozialismus. Vermutlich hat der biedere Maurermeister nie in seinem Leben eine Zeile von Karl Marx oder Friedrich Hegel gelesen. Dennoch war sein Sozialismus grundehrlich und echt, wie er nur bayerischem Wesen entspringen kann. Er wußte eben, daß man meist vergeblich auf die christliche Barmherzigkeit wartet, wenn es um die Rechte des kleinen Mannes geht. Man mußte fordern, auf den Tisch hauen und schreien. Wankerl war alles andere als ein Parteidoktrinär; im Grunde eher ein Sozialist vom Schlag Georg von Vollmars und Erhard Auers. Dabei war er eben ein echter Altbayer, derb, urwüchsig bis zur Grobheit: ein typisch provinzieller „Sozi", mit einem echt schwandorferischen „Verstehstmi" auch für den persönlichen Vorteil.

Die Stadt Schwandorf, städtische Einrichtungen und örtliche Industriebetriebe druckten gegen Ende der Inflation eigene Geldscheine. Nicht mehr zum Einsatz kamen die 5-Billionen-Scheine vom 2. November 1923.

Auch der Gutschein des E-Werkes Schwandorf zur Bezahlung von elektrischem Strom im Wert von 50 Goldpfennigen dürfte nicht mehr zum Einsatz gekommen sein, nachdem im November 1923 eine Billion Mark auf den Wert von einer Goldmark gesunken war.

Auch das Bayern eines „Simplizissimus“ feierte hierorts „fröhliche Urständ“. Der Schneidermeister Franz Bierl brandmarkte mit spitzer Feder im „Echo“ und in der „Fledermaus“ die menschlichen Unzulänglichkeiten einer noch reichlich spießbürgerlichen Kleinstadtgesellschaft. Und er machte es recht geschickt. Er bereitete in den braven Bürgerhäusern ebensoviel Kummer wie im Stadtrat, wo er mit winkeladvokatischen Kniffen selbst dem rechtskundigen Bürgermeister Lampart gelegentlich arg zusetzte. Wieder offenbart sich ein echter, stammeseigener Wesenszug: der bajuwarische Querkopf, der bauernschlau seine Schlingen legt; spottlustig wie Ludwig Thoma, nur grobschlächtiger, unmißverständlicher und wohl auch boshafter. Nach dem Krieg konnte der Kommunist Bierl von sich behaupten, in der Stadt der einzige Mensch gewesen zu sein, der während des ganzen „Tausendjährigen Reiches“ nie mit „Heil Hitler“ gegrüßt habe. Auch der „Bierl-Schneider“ ist ein Stück Schwandorfer Geschichte.

Dabei warfen die Zeitläufte der „Weimarer Republik“ so viele Sorgen auf, daß eigentlich für Streit und Parteihader wenig Zeit gewesen wäre. Und doch war es gerade die Notlage der breiten Schichten des Volkes, welche die Menschen unzufrieden werden ließ, wo man schon aus polemischen Gründen Schuldige und Sündenböcke suchte.

Die Reparationspolitik und die Weltwirtschaftskrise hatten auch bei uns schlimme Zustände ausgelöst: die Arbeitslosigkeit. Die unverschuldete Armut, die Aussichtslosigkeit der Wirtschaftslage machte die Menschen verbittert und radikal und der Neid zerfraß das Gefühl für die schicksalsgebundene Gemeinschaft einer kleinen Stadt. Das Aufzeigen der Arbeitslosenzahlen nach 1929 wäre wohl recht aufschlußreich. Aber die Zahl der Statistik läßt uns kalt. Wenn das Arbeitsamt Schwandorf im April 1932 rund 4500 Arbeitssuchende meldet, so möge man daran denken, daß das 4500 Einzelschicksale sind: Schulentlassene voll Lerneifer finden keine Lehrstelle. Lehrlinge, die nach Abschluß der Lehrjahre auf der Straße herumlungern müssen und in der Bahnhofstraße mit Schussern die Zeit totschlagen; junge Männer in der Vollkraft ihrer Jahre, die seit Wochen keinen Pfennig mehr in der Tasche haben und sich schämen, wenn sie sich an den Mittagstisch setzen; Familienväter, die nicht wissen, wie sie ihre Kinder satt kriegen sollen, und Menschen im Herbst des Lebens, die verzweifeln, wenn sie an den Lebensabend denken.

Ein Blick auf die Wahlergebnisse jener Jahre in Schwandorf zeigt die wachsende Verbitterung und zunehmende Radikalisierung der Massen.

Reichstagswahlen (in Klammern vorausgehende Ergebnisse)

	14.9.1930	31.7.1932	6.11.1932
NSDAP	820 (310)	900	884
KPD	673 (121)	831	758
SPD	963 (1221)	761	723
BVP	1803 (1652)	2107	2102
D'NAT	32	42	58

Landtagswahlen vom 24. 4. 1932

NSDAP	901	(204)
KPD	488	(202)
SPD	636	(1260)
BVP	2438	(1672)

Die radikalen Parteien blieben in Schwandorf weit, weit unter dem Reichsdurchschnitt. Erstaunlich ist das Abschneiden der Bayerischen Volkspartei. Die Gründe für deren Stabilität sind wohl in einer ungewöhnlich lebendigen Aktivität der katholischen Vereine, aber auch in der sehr eindeutigen Haltung und Aufklärungsarbeit der heimischen Presse zu suchen. Während die NSDAP im Reich die Zahl der Abgeordneten von 110 auf 230 erhöhen konnte, gewann die Partei im gleichen Zeitraum (14. 9. 1930 bis 31. 7. 1932) in Schwandorf 80 Stimmen. Das bedeutet also: Stimmenzuwachs im Reich 109 %; Stimmenzuwachs in Schwandorf 9,8 %.

Man darf heute der älteren Generation der Stadt voll Anerkennung bescheinigen, daß die Geschichte des Reiches nicht diese verhängnisvollen Bahnen gelaufen wäre, hätte man allerorts so gewählt wie in Schwandorf.

DIE KLEINEN „GÖTTER“

Schwandorf im „Dritten Reich“

Das „Dritte Reich“ begann in Schwandorf eigentlich ganz harmlos. Noch am 15. Februar 1933 marschiert der Jungbayernring mit klingendem Spiel über den Marktplatz und für die Reichstagswahl am 24. März 1933 nominiert die BVP den Rechtsanwalt Auhofer als Kandidaten. Einige verfrühte Schwarmgeister nahm man nicht sonderlich ernst, und man amüsierte sich höchstens, wenn der Lehrer P. am Grabe eines Parteimitglieds ausrief: „Singe ihnen drüben das Horst-Wessel-Lied entgegen!“
Die letzte freie Wahl zwischen beiden Weltkriegen brachte folgendes Ergebnis: NSDAP 1819 (884); SPD 729 (723); KPD 531 (758); BVP 1908 (2102) Stimmen.
Die gewaltige Propaganda hatte der NSDAP in Schwandorf einen ansehnlichen Stimmenzuwachs beschert. Der „Nabtal-Bote“ vom 6. 11. 1932 bemerkt sehr treffend dazu: „Wer irgendwie unselbständig ist über die Geschichte der letzten 14 Jahre, der muß in die nationalsozialistische und nationale Front hinübergerissen werden.“
Die „Machtübernahme“ in Bayern am 10. 3. 1933 wirkte sich dahingehend aus, daß man forderte, die Hakenkreuzfahne auf dem Rathaus hissen zu dürfen. Bis zum 11. 3. nachmittags halb vier Uhr konnte Bürgermeister Dr. Schweigert den Forderungen der SA und SS Widerstand bieten. Am gleichen Tag wurden in Schwandorf die ersten Verhaftungen vorgenommen. Es waren die Funktionäre der kommunistischen Partei. Am 25. 3. meldete das „Tagblatt“, daß der Parteigenosse Oskar Fürst kommissarischer 1. Bürgermeister von Schwandorf sei. Zum 2. Bürgermeister wurde Josef Ochsenkühn bestellt. Die Einsetzung erfolgte durch den bayerischen Innenminister Adolf Wagner. Er hatte sich vorher bei der örtlichen Parteispitze erkundigt, ob hier noch immer die alte Gemeindeverwaltung im Amt sei. Auf die bejahende Antwort meinte er: „Ihr seid ja 14 Tage zu spät dran!“ Bürgermeister Dr. Schweigert wurde zwangsbeurlaubt, der 2. Bürgermeister Wellnhofer räumte freiwillig das Feld.
Die Kampforganisationen der politischen Parteien (Reichsbanner, Bayernwacht usw.) wurden aufgelöst. Am 1. April standen SA-Männer (auch solche, die vorher von den Juden bereitwillig Geschenke angenommen hatten!) vor den Ladentüren der hiesigen israelitischen Kaufleute und boykottierten den Handel. Der Aufruf des damaligen Kreisleiters und Sonderkommissars Karl Schäfer läßt schon etwas von der Methode ahnen, die, noch meisterlich getarnt, im Regime steckte. „Wehe dem, der undeutsch handelt!“ steht im Aufruf an die Bevölkerung.
Am 10. 4. 1933 wurde die Neuordnung des Stadtrates bekanntgegeben. Statt 20 sollten nur noch 15 Ratsherrn über die Geschicke der Stadt entscheiden. In Relation zur Reichstagswahl bestimmte man 6 Sitze für die NSDAP, 2 für die SPD und 6 für die BVP. Der Anteil der KPD (1 Sitz) entfiel. Die Versammlung der SPD am 24. 4. im „Rößl“ beschloß, ihre zwei Sitze der NSDAP zu überlassen, „weil sie die Interessenwahrung der SPD in der nationalsozialistischen Stadtvertretung vollkommen gewährleistet betrachte.“ Für dieses Entgegenkommen erntete die SPD allerdings wenig Dank. Am 30. 4. wurden die Spitzenfunktionäre verhaftet. Am gleichen Tag fand die feierliche erste Stadtratssitzung in der Turnhalle statt. Festgottesdienste der beiden Konfessionen

Ausgabe Schwandorf

Bayerische Ostmark

Verlagsort Schwandorf. Druck und Verlag: Gauverlag Bayerische Ostmark GmbH. Bayreuth, Nebenstelle Regensburg. Fernruf Schwandorf 265. Postscheckkonto München 54598. Bankkonto: Stadtsparkasse Schwandorf. Bezugspreis monatlich: Stadtgebiet 1.60 RM. und 30 Pfg. Trägerlohn, Landgebiet 1.60 RM. und 30 Pfg. Trägerlohn, bei Postzustellung 1.12 RM. und 48 Pfg. Postgebühren und 36 Pfg. Zustellgebühren, bei Postabholung 1.60 RM. Anzeigenpreis nach Preisliste. Gerichtsstand Regensburg. Nummer 10 Pfg. Abbestellungen der Zeitung können nur bis 25. des laufenden Monats für den kommenden Bezugsmonat direkt beim Verlag vorgenommen werden.
Die Behinderung der Lieferung rechtfertigt keinen Anspruch auf Rückzahlung des Bezugspreises.

Tageszeitung für Schwandorf
Nabburg, Burglengenfeld, Neunburg v. Wald, Oberviechtach, das Vils- und Naabtal
Amtl. Organ der NSDAP, sämtl. Staats- u. Gemeindebehörden des Gaues Bayerische Ostmark

Nr. 79 — Jahrgang 1938 | „Bayerische Ostmark", Ausgabe G | Montag, 4. April 1938

Adolf Hitler wieder im befreiten Oesterreich

Im Zuge der Gleichberechtigung wurden am 22. März 1936 die beiden Zeitungen „Schwandorfer Tagblatt" und „Naabtalbote" unter dem Kopf „Bayerische Volkszeitung" zusammengelegt und gingen dann 1938 in der „Bayerischen Ostmark" auf.

gingen voraus. Fahnen, Musik und eine mit Blumen und Emblemen dekorierte Bühne sorgten für die Show. Die sechs Stadträte der BVP waren zu Hause geblieben und hatten am gleichen Tag ihre Ämter niedergelegt. Zwischen der Landesleitung der BVP und den „Versagern" gab es eine bemerkenswerte Kontroverse.
Noch recht harmlos, mit Feldgottesdiensten und viel Gepränge, ging der 1. Mai über die Bühne. Die radikaleren Maßnahmen wie die Versammlungsverbote, Auflösung der SPD und BVP und Verhaftung von 120 BVP-Funktionären wurden von den überörtlichen Behörden angeordnet (4. Mai 1933). Es scheint in der Tat so, daß es ein Großteil der hiesigen Parteileute durchaus ehrlich meinte und kein Täuschungsmanöver beabsichtigt war. Sicher wurden viele von ihnen von der Entwicklung überrollt und vom radikalen Sog mitgerissen. Die Zahl der Ratsherren wurde auf zehn verringert. Die Niederschriften der Ratssitzungen sind bereits typisch für die Unwichtigkeit der Stadtväter. „Nach Beratung mit den Ratsherren beschließe ich..." heißt es. Es gab keine Diskussionen mehr mit konträren Standpunkten, keine Abstimmungen. Schließlich bescheinigte der Bürgermeister seinen Ratsherren in den Jahresschlußansprachen ihre Bedeutungslosigkeit, weil die Beschlüsse „einhellig, ohne lange Debatte wie früher", zustandekamen.
Es lohnt sich daher nicht, von den kleinen „Göttern" jener Ära zu reden. Das echt Bayerische, fern von allem Hurrapatriotismus, lebte klar sichtbar für alle im damaligen Stadtpfarrer Alois Wild. Sein entschiedenes Nein zum „Regime" war jedermann bekannt, nicht erst seit dem Jahre 1945. Seinen Widersachern an Geist und Bildung turmhoch überlegen, ein kluger Taktierer, wußte er genau um die Grenzen seiner Möglichkeiten. Im bedächtigen Abwägen seiner Position finden wir ebenso altbayerisches Wesen wie auch im sprichwörtlichen Eigensinn des Waldlers. Er wurde zur überragenden Gestalt jener Zeit, zu der viele aufblickten, die auch dem Gestrauchelten wieder Mut zu geben vermochte. Man spürte noch etwas von altbayerischem Trotze, wenn er beispielsweise seinen geistlichen Mitbrüdern zeigte, wo sie zu stehen hatten. Die Patres vom Kreuzberg hatten als brave Staatsbürger dem Räumungsbefehl der Partei unverzüglich Folge geleistet und ihre Koffer gepackt. „Wir weichen nur der Gewalt!" kommandierte sie der Dekan in ihre Zellen zurück.
Auf der Bühne der Geschichte standen die großen Schauspieler, welche die Massen zu faszinieren verstanden. Diese schrieben sie mit blutigen Lettern und verwerflichen Taten, die noch heute unseren Ruf schänden und unsere Geschichte belasten. Sie befahlen die Vernichtung unschuldiger Menschen, und sie beschworen den zweiten Weltkrieg herauf. Seit dem 1. September 1939 sprachen die Waffen.

SCHWANDORFS SCHWERSTER TAG

17. April 1945

Die Frontlinie verlief am Abend des 16. April von Nürnberg über Bayreuth nach Hof. Jeder wußte, daß der Krieg nicht mehr lange dauern würde, niemand dachte mehr an eine Bombardierung. Gegen 3.45 Uhr flog ein größerer Bomberverband der Royal Air Force in den Luftraum ein. Die Regensburger Luftwarnzentrale erteilte Vorwarnung. Da es sich um ein stärkeres Kommando handelte, rechnete man mit einem Angriff auf Amberg. Als aber die Stadt nördlich überflogen wurde, wurde um 3.50 Uhr in Schwandorf Vollalarm gegeben. Für die Flucht in die Schutzräume standen nur zwei Minuten zur Verfügung, denn bereits um 3.52 Uhr fielen die ersten Bomben. Nur 15 Minuten dauerte das Inferno, bis zum Bersten der letzten Bombe um 4.07 Uhr.

Ziel des Angriffs war eigentlich das Verkehrskreuz Schwandorf mit seinem Bahnhof gewesen, obwohl der Eisenbahnverkehr am Abend des 16. April nur noch sehr gering war: Regensburg, Amberg und Weiden sowie Furth waren als einzige Zielpunkte verblieben. Auf dem Bahnhof standen überfüllte Personenzüge neben abgestellten Güterzügen, Verwundetentransporte neben Zügen voller Munition. Hier gab es kaum ein Entkommen.

„Ganz schlimm wurde das Kreuzbergviertel mitgenommen. Keine Straße war mehr zu erkennen. Überall, soweit das Auge reichte, zerstörte Häuser, rauchende Ruinen, weinende und klagende Menschen, auf deren Gesichtern man noch die überstandene Gefahr wahrnehmen konnte. Die Kreuzbergkirche war vollkommen zerstört . . . Das ganze Bahnhofsgelände war aufgewühlt, alles lag dort durcheinander. Zwei Lazarettzüge, die auf dem Bahnhof standen, waren völlig ausgebrannt. Auch das Lindenviertel bot ein Bild des Grauens", so erinnert sich der langjährige Stadtpfarrer Alois Wild an das Geschehen. Etwa 1250 Tote forderte der Bombenangriff auf Schwandorf, eine genaue Zahl wird sich nicht mehr feststellen lassen.

Schwandorf nach der Bombennacht des 17. April 1945: etwa 1250 Tote, zerstörte Industrieanlagen, obdachlose Familien, eine ruinöse Salvatorkirche.

BAROCKES WERDEN UND VERGEHEN

Der Kreuzberg - Ein Blick in die Vergangenheit

Weit vor den Toren der Stadt lag früher der Kreuzberg. Längst ist der „Sand" bebaut, liegt die Wallfahrtskirche mitten in der wuchernden Stadt. Aufnahme um 1900.

Wer in das Schwandorfer Becken einreist, sieht schon von weitem den auffallenden Bergkegel mit den Türmen des Marienmünsters. Der Kies- und Sandboden im Naabbecken mit seiner nicht übermäßigen Humusschicht läßt auf einen ansehnlichen Süßwassersee aus der vorgeschichtlichen Zeit schließen. Der Weinberg war wohl eine langgestreckte, der Kreuzberg eine vorgelagerte, kleine Insel. Die Wasser sind abgeflossen. Der Berg erhebt sich als einsame Kuppe aus der Naabebene.
Vermutlich schon in frühgeschichtlicher Zeit trug der freistehende Berghügel eine kultische Opferstätte. Wo die urkundlichen Nachweise fehlen, kann die kirchengeschichtliche Erfahrung weiterhelfen. 1568, als Schwandorf evangelisch war, wird der Abbruch einer Michaelskapelle nachgewiesen.

Dem Erzengel Michael zu Ehren, dem Sieger über die Finsternis und den Unglauben, wurden mit Vorliebe Kapellen oder Kirchlein über früheren heidnischen Kultstätten erbaut.

An die Stelle des Michaelskirchleins trat der Galgen, der bis 1604 auf dem Berge stand. Schon von weitem sollte man erkennen, daß strenges Gericht gesprochen wurde. Auch der Topograph Christophorus Vogel vermerkt ihn noch auf dem „Spihlberg", so hieß die Bergkuppe um 1600. Als Richtstätte führte sie auch den Namen „Rabenstein". Sie lag damals weit außerhalb der Stadtmauern, umrahmt von einer Kette eines bedeutsamen Fischweihergebietes, dem Spitel-, Eberleß-, Brentl- und Hoflerweiher. Über das Sailerfurth- und Birkloe-Wasser kam man zum Vischsee und dem Blauen Entenweiher. Dieser schloß den Ring.

Nachdem Schwandorf 1617 wieder katholisch geworden war, entsprach es dem frommen Sinn der Zeit, ein augenfälliges Zeugnis der Gläubigkeit zu setzen. Drei Kreuze, wie einst auf Golgatha, blickten über die Flußauen des Naabtales. Sie gaben dem Berg den noch heute gültigen Namen: Kreuzberg. 1679 errichtet man „mit Guet und

Unter großen Opfern erstand die Kreuzbergkirche wieder aus den Ruinen des Bombenangriffs. Das Gnadenbild war unversehrt geblieben.

Peyhilf vieler frommen Christen auf dem Creutzberg" ein Kirchlein zu Ehren „unserer Lieben Frau". Vom früheren Stadtpfarrer Matthias Schmid, damals Erzdekan in Cham, wußte man, daß er ein schönes Marienbild besaß. Er verrichtete davor oft seine Hausandachten. Das Madonnenbild war eine künstlerisch ansprechende Arbeit nach der Vorlage des Werkes von Lukas Cranach (d. Ä., gest. 1553) in der Pfarrkirche St. Jakob in Innsbruck. 1680 wurde die Kirche geweiht, und schon sieben Jahre später mußte sie erweitert werden, so groß war der Zulauf zum Gnadenbild auf dem Kreuzberg, das Dekan Schmid gestiftet hatte.

Man möge sich ein wenig hineindenken in die Zeitumstände: Es war die Zeit nach dem 30jährigen Krieg, und die Erinnerung an die unvorstellbaren Grausamkeiten dieses schrecklichsten aller Kriege war sicher noch sehr frisch. Es war auch die Zeit nach Kurfürst Ferdinand Maria. Dessen Vater, Kurfürst Maximilian I., „der Große", wie ihn ein französisches Lexikon nennt, hatte ihm als 78jähriger eine Art Regierungsrezept hinterlassen: „Wer vom Krieg redet, redet nur Übles. Die können es bezeugen, die es erfahren, die die Grausamkeiten des Krieges mit eigenen Augen mit angesehen haben", schreibt er. Ferdinand Maria nahm das Vermächtnis sehr ernst. Bayern hatte durch ihn 30 Jahre Frieden. Das bayerische Barock konnte sich ungehindert zu einer echten Volkskultur entfalten.

Eine sehr ausführliche und exakte Darstellung der gesamten Vorgeschichte und Entwicklung der Wallfahrt mit dem Titel „Der Kreuzberg bei Schwandorf" erstellte Pater Ambrosius (hrsg. 1914 im Verlag des Klosters Kreuzberg). Er schreibt, daß im September 1779 acht Tage hindurch „das 100jährige Jubiläum des Bestehen der Wallfahrt aufs feierlichste begangen ward." Zu diesem Ereignis findet man in den Nabburger Rats-Protokollen eine Eintragung vom 24. September 1779: „Die Kreutzgäng Unkösten nacher Schwandorf": Musikanten 3 Gulden, 3 Fahnenträger 15 Kreuzer, Rathdiener und Stadtknecht 30 Kreuzer, Schulmeister 20 Kreuzer, Ministranten 15 Kreuzer, Fuhrlohn von den Stäben 2 Gulden 24 Kreuzer, Paucker 6 Kreuzer.

Es zog damals „eine ungeheure Menschenmenge aus weitester Entfernung herbei." Da auch die Spenden reichlich flossen, beschloß man, die Kirche zu erweitern. Ein völliger Umbau in den Jahren 1782 bis 1784 erbrachte als Ergebnis das barockisierte, gefällige Gotteshaus, das den alten Schwandorfern noch in guter Erinnerung ist.

Zerstörung und Wiederaufbau

Genau 266 Jahre ist das „Kirchl unserer Lieben Frau" alt geworden. Es stand von 1679 bis 1945. In wenigen Minuten zertrümmerten Bomben und Luftminen, was die Jahrhunderte überdauert hatte.

Das Tonnengewölbe war eingestürzt, die in gefälligem Barock geschnitzten Altäre waren verwüstet und zerfetzt. P. Otho Merl löste das unversehrt gebliebene Gnadenbild aus dem wertvollen Rahmen und trug es in die Pfarrkirche St. Jakob. 1947 erwarben die Karmeliten eine große Holzbaracke aus den Beständen der ehemaligen Wehrmacht. Bis zum 7. Dezember 1952 diente sie als Notkirche.

Zum besseren Verständnis der Begleitumstände beim Wiederaufbau erscheint ein Hinweis auf die damaligen Zeitumstände zweckmäßig.

Bis zur Währungsreform wurden alle Baustoffe bewirtschaftet und, soweit vorhanden, den Bauwilligen zugeteilt. Zement, Ziegel, Glas, Holz, Installationsmaterial, praktisch jeder Nagel war nur durch „Bezugschein" zu erwerben, es sei denn, man verfügte über „Beziehungen" oder Naturalien wie Lebensmittel oder Bedarfsgüter, etwa Stoffe und dergleichen. Die Bevölkerung der zerbombten Stadt nützte begreiflicherweise jede Möglichkeit, die Wohnhäuser wieder herzustellen, um ein Dach über dem Kopf zu haben. Damals hatten die Behörden der Stadt sehr viel Verständnis dafür, daß die Selbsthilfe meist nicht mit der buchstabengetreuen Erfüllung der amtlichen Verfügungen übereinstimmte. Man ließ die Leute gewähren. Vielleicht ist es diesem Umstand neben der Findigkeit einer tüchtigen Einwohnerschaft zu verdanken, daß Schwandorf

Die Gnadenmuttergottes vom Kreuzberg auf einem Andachtsbild des 18. Jahrhunderts. Ein Einblattdruck in Holzschnitttechnik aus dem Stadtmuseum Regensburg.

jene Stadt Bayerns war, die als erste die unmittelbaren Schäden des Krieges überwunden hat. Auch die Patres vom Kreuzberg sahen ein, daß dem „Primum-vivere" der Vorzug einzuräumen sei. Erst mußten die Möglichkeiten leben zu können geschaffen werden. Sie konkurrierten nicht mit dem weit überforderten Baumarkt und begannen erst nach der Währungsreform mit dem Wiederaufbau einer neuen Kirche. P. Alexander Schultes hatte die „papiermäßigen" Vorbereitungen abgeschlossen. Der Regensburger Regierungsbaumeister Franz Günthner konnte seine Pläne aus der Schublade holen.

Zum Bau des Marienmünsters gehörte ein mutiges Herz. Schon die Frage der Finanzierung schien kaum lösbar. Auch die geplante künstlerische Gestaltung konnte nichts anderes als ein gewisses Wagnis bedeuten.

Der Oberpfälzer hat in unserem Vaterlande nicht gerade den Ruf, daß er alles, was neu ist, gleich ohne Bedenken annimmt. Im Gegenteil, man hält ihn eher für bedächtig und konservativ. Wer den Menschen dieses Landes überhaupt nicht kennt, kann sogar auf den Gedanken kommen, der Oberpfälzer sei ein bißchen rückständig, weil er sich eben Zeit lasse und erst einmal abwarte. Mitten in diese Oberpfalz wurde in den

Jahren 1948 bis 1957 eine neue Kirche gebaut. Das Neue lag im wesentlichen in der künstlerischen Aussage der Innenräume. Den Besucher empfängt eine großräumige Halle. Den Blick zieht sofort der imponierende Hochaltar auf sich: Strenge Strahlenbündel umgeben das Bildnis „unserer Lieben Frauen". Malerei, Mosaikarbeiten, Seitenaltäre, kurzum: die gesamte künstlerische Fassung und Ausgestaltung lag in den Händen des Münchener Malers Prof. Blasius Spreng. Zart, mit viel hellem Blau und weichem Ziegelrot sind die Farben; weit entrückt, schemenhaft die Gestalten.
Schon von weitem grüßen die Türme des Marienmünsters ins Naabtal. Ihre spitzen Dachpyramiden sind mit Aluminium abgedeckt, ein Geschenk der Vereinigten Aluminiumwerke. Viele Hände mußten sich regen, dieses Münster zu erstellen. Das Vertrauen auf den Opfersinn der Bevölkerung, auch in der Umgebung der Stadt, wurde nicht enttäuscht. Wer in unserer Zeit auf dieses Vertrauen baut, muß ein mutiges Herz haben.

Schwandorf um 1800, nach einem Kupferstich des Augsburgers Joseph Anton Glauber. Das 1808 abgebrochene Rathaus steht noch, die Salvatorkirche vor der Stadt trägt einen barocken Dachreiter. Die badenden Mädchen im Vordergrund sind als Hinweis auf die Sage zu verstehen, wie der Stiefel in das Wappen kam.

DAS KAPUZINERKLOSTER

Eine kurze Episode

In der Klosterstraße suchen wir heute vergeblich nach einem Kloster. Das „Hotel Kloster", eine auch bei den Einheimischen sehr beliebte Gaststätte mit schattigem Biergarten, war seit 1925 im Besitz der Familie Meisl. 1988 wurde es geschlossen und dann abgebrochen. An diesem Platz entsteht ein großes Altersheim.
In früherer Zeit erstreckte sich auf dem Geviert zwischen dem heutigen Bahnhof, der Bahnhofstraße, der Klosterstraße bis hin zur Naab das Kapuzinerkloster mit Kirche, Klostergebäuden und einem großen Garten (vgl. Stich von Hämmerl). Entlang der Klosterstraße war damals eine Zeile

Das „erste Haus" am Platz war lange Zeit das „Hotel Kloster". Es entstand auf dem Platz des ehemaligen Kapuzinerklosters und mußte am 21. Februar 1990 dem neuen Altersheim weichen. (Aufnahme 1908 vom Kgl. Hofphotographen Max Schreiner)

kleiner, schmaler Wohnhäuschen für die Bediensteten des Kapuzinerklosters entstanden.
An der Gründung des Klosters waren beteiligt: Kardinal Philipp Wilhelm, der Bischof von Regensburg, Bruder des großen Kurfürsten Maximilian I., ferner der Sohn des Kurfürsten Maximilian, Philipp, der von 1679 bis 80 die Regentschaft für den noch minderjährigen Max Emanuel führte. Es handelte sich bei der Klostergründung um eine rein Wittelsbacher Initiative.
1685 begann man mit dem Conventbau, 1687 wurde er bezogen. 1690 legte man den Grundstein zur Kirche. Drei Jahre später erfolgte die Weihe, und zwar zu Ehren der hl. Maria Magdalena. Die Frau des Regenten soll ein Gelübde abgelegt haben, das Kloster zu gründen, wenn ihre Tochter Magdalena Kaiserin würde. Kaiser Leopold I. nahm sie tatsächlich zur Frau.
Etwa 20 Ordensleute wohnten im Bau, die sich Missionsaufgaben in der später rekatholisierten nördlichen Oberpfalz widmeten. 1761 bauten die Kapuziner ein Brauhaus an.
Eine besondere Beachtung verdient die Notiz aus der Kapuziner-Chronik über die Jahre 1800 und 1801. Während der napoleonischen Kriege brachten Truppendurchzüge den Typhus nach Schwandorf. Im jetzigen Rathaus (Pfleghof) und im Ettmannsdorfer Schloß waren Militärlazarette untergebracht. Die Patres Altmann und Amat nahmen sich der Kranken in aufopfernder Weise an. Sie infizierten sich, und die Ordensmänner, beide gebürtige Schwandorfer, wurden ein Opfer tätiger Nächstenliebe.
1802 wurde das Kloster im Rahmen der Säkularisation unter dem Grafen Montgelas aufgelöst, das Inventar versteigert. Die Chronik berichtet von einem „lüderlichen Schuster", welcher die Studentenkanzel erworben hatte. Er stellte sie vor seinem Haus auf und betrat sie - nach entsprechendem Biergenuß - um zu predigen.
König Ludwig I. erteilte zwar 1862 den Kapuzinern wieder das Recht, Novizen aufzunehmen und den Wiederaufbau zu betätigen. Im gleichen Jahr jedoch verließen die zwei Patres wieder das Kapuzinerhospiz auf dem Kreuzberg - für immer.
Das Kloster war noch 1802 mit allen Liegenschaften um 7100 Gulden versteigert worden. Viel Glück brachte es dem neuen Besitzer nicht. Am 13. Januar 1819 zerstörte ein furchtbarer Brand die Gebäude bis auf die Grundmauern.
Auch der 2. Weltkrieg ging nicht spurlos am „Kloster" vorüber. Die Bomben des 17. April 1945 beschädigten das Gebäude in beträchtlichem Ausmaße.
Das „Hotel Kloster" ist heute ebenso Erinnerung, wie die Vespergesänge der Ordensleute, die Erbitterung über die Aufhebung des Klosters, der Brand von 1819 und das Bersten der Bomben vom 17. April 1945. Geblieben ist lediglich der Name Klosterstraße.

RUND UM DEN WEINBERG

Der „Schwandorfer Berg"

Auf Ansichtskarten vor dem 1. Weltkrieg erhebt sich über die Häuser der Stadt ein langgezogener, unbepflanzter Bergrücken. Eine viel ältere Landschaftsbeschreibung, um 1600 angefertigt, zeigt dagegen eine dichtbewaldete Erhebung vom Naabufer bis Kronstetten, den „Schwandorfer Berg". An Besonderheiten weist er im Norden den „Brunn" auf, das „Brünnerl", das sich am „Unteren Weg" in die Naab ergießt, ferner die „Keller". Das Alter der Felsenkeller an der Fronberger Straße ist demnach auf über 400 Jahre festzulegen. Im Süden des Berghanges findet man den großen „Stainbruch" und das „Jochumbsthal", heute Kruckental genannt. Über die Talmulde am Osthang verbindet der „Pfaffensteig" Fronberg und „Gronstetten". Inzwischen hat der Bergrücken den Namen geändert. Der Teil des Berges, welcher der Stadt am nächsten liegt, wurde der Weinberg. Ihm schloß sich im Sprachgebrauch der Bevölkerung der Holzberg an. Der im Osten gelegene Abschnitt mit der höchsten Erhebung von 452 Metern über dem Meere trägt die Bezeichnung „Tannenschlag". Der Baumbestand des Holzberges wurde weitgehend verheizt, der Rest fiel in den Jahren 1905 bis 1911 Waldschädlingen, vor allem der Föhreneule, zum Opfer, so daß auf alten Bildern nur spärlicher Graswuchs erkennbar ist. Wer schließlich auf dem Weinberg durch Rebgärten wandern will, wird diese vergeblich suchen. Dennoch trägt dieser Bergteil seinen Namen nicht zu unrecht.

In den Nabburger Protokollen liefert ein Eintrag vom 5. Mai 1579 den schlüssigen Beweis für den Weinanbau in Schwandorf. Thomas von Murach beklagt sich, daß in Willhof und Altfalter in Mangel

Blick von der Auffahrt zum Kreuzberg in Richtung Weinberg. Der Platz wurde früher „Am Sand" genannt, hier gastierten die Zirkusse. Auf dem freien Platz an der rechten Seite der Straße steht heute die Stadtbibliothek, links das Carl-Friedrich-Gauß-Gymnasium.

Nabburgischen Getränks, „auslendische Getrenke“, nämlich „Schwandorfisch Pier, desgleichen Schwandorfisch Wein“ ausgeschenkt worden war. Auf den Südhängen des Weinberges müssen sich umfangreiche Rebanpflanzungen befunden haben. Nicht nur die Bürger der Stadt erfreuten sich am heimisch gewonnenen Traubensaft, sogar „ins Ausland“ konnte er exportiert werden.

Der Nabburger Eintrag blendet auch in die territorialen Verhältnisse des 16. Jahrhunderts. Die südliche Grenze des ehemaligen Landkreises Nabburg trennte bereits im 12. Jahrhundert Wittelsbacher Besitz im Süden vom Herrschaftsbereich der Sulzbacher, Leuchtenberger, Altendorfer und anderer Geschlechter im Norden. Von 1505 bis 1777 handelte es sich um eine „echte Landesgrenze“ zwischen dem Fürstentum Pfalz-Neuburg mit unserer Heimatstadt und kurpfälzischem Gebiet, genannt die „Obere Pfalz“.

Von allzu langer Dauer war der Weinbau auf dem Weinberg nicht. Die Transportmöglichkeiten späterer Zeiten brachten edle Tropfen aus wärmeren Ländern auch hierher. Die Güte des „Schwandorfischen Weines“ war der Konkurrenz aus günstigeren Klimazonen nicht gewachsen.

Im Laufe der Jahre hat sich der Name „Weinberg“ für den Bergrücken in seiner Gesamtheit eingebürgert. Gelegentlich hört man noch die Bezeichnung „Holzberg“; der „Tannenschlag“ ist so gut wie vergessen.

Wo vor den schmucken Häusern am Südhang des Weinberges Rosen vor den Haustüren blühen, mag man sich gelegentlich daran erinnern, daß hier Winzerarbeit geleistet wurde. Man kann von Weinlese, von fröhlichen, weinseligen Winzerfesten träumen - bei einer Flasche guten deutschen oder ausländischen Weines.

Seit 1960 befand sich auf dem Weinberg die Garnison des Bundesgrenzschutzes. 30 Jahre lang sollte sie dort vielen Beamten Arbeit und Unterkunft bieten, bis die Abteilung schließlich zum 31. 12. 1992 aufgelöst wurde. Zur „Wende“ des Jahres 1989, als Tausende von Flüchtlingen die „DDR“ verließen und über die Tschechoslowakei in die Bundesrepublik kamen, bildete die BGS-Kaserne auf dem Weinberg für viele die erste Anlaufstation. Heute ist die Garnison bereits wieder Geschichte.

Schwandorf aus der Vogelperspektive: Der mittelalterliche Ort ist inzwischen weit über seine alten Mauern hinausgewachsen, aber in seinem Kern noch gut erkennbar.

ZWERG KRUCKO UND DIE SCHWEFELQUELLE

Im Kruckental entspringt die Schwefelquelle. Ein nie versiegender Wasserstrahl sprudelt aus dem Berg. Der schwere Geruch nach Schwefel würzt die Waldluft. Die Quelle ist in Sandstein gefaßt. Breitbeinig wacht Zwerg Krucko in der Nische. Die Sage berichtet, daß vor vielen Jahren Kranke durch das mit Schwefel angereicherte Quellwasser Heilung suchten und fanden, wenn sie von Rheuma und Gicht geplagt wurden. Auch die Verdauung regte ein kräftiger Schluck des kühlen Wassers an. Vielen Menschen soll es schon die Gesundheit wiedergegeben haben, so daß sie ihre Krücken weglegen konnten. Und schon hatte man eine Namensdeutung fürs Kruckental zurechtgebastelt.

Vermutlich war der Kaufmann Josef Krempl der Erfinder der Kruckogeschichte. Er hat einen guten Berggeist in die Sandsteinfelsen des Weinberges hineingedichtet, eben jenen Zwerg Krucko. Er liefert den fleißigen, genügsamen Leuten kostenlose Heilung durch sein Quellwasser, er soll dem schattigen Waldtal den Namen gegeben haben.
Der Steinmetzmeister Pröll hat den Zwerg aus Granit geschlagen - und wenn sich mutwillige Gewalt an ihm nicht austoben sollte, dann müßte er sehr, sehr alt werden. Sicher zur großen Freude derer, die an dem kühlen Platz auf einladenden Bänken rasten wollen, dort, bei der Schwefelquelle, wo der Zwerg Krucko wacht.
Um das Rinnsal der Quelle wuchsen wohl besonders kräftige Fichten und Föhren. Die Kohlenbrenner früherer Jahre holten zum Abdecken ihrer Meiler dort die Stämme, die im altbayerischen Sprachgebrauch „Krucken" hießen. Der oberpfälzische Sprachforscher Johann Andreas Schmeller erklärt den Begriff Krucken: „Bey den Kolenbrennern sind Krucken die Hölzer, welche um die Meiler gestellt werden, damit die obere Beschütt halte."
Nicht die Krücken genesener Menschen, nicht ein hilfsbereiter Berggeist änderten das „Jochumbsthal" in das „Kruckental". Es ist ein Ausdruck, der an ein untergegangenes Gewerbe erinnert, an die Kohlenbrenner.

DIE FRONBERGER HAMMERKNECHTE

Eine alte Sage

Partie an der Naab zwischen Schwandorf und Fronberg.

Das Gruseln gehörte vor einem halben Jahrhundert noch in das Erziehungsprogramm. So mag manches Kind seine Schritte beschleunigt haben, wenn es auf dem „Unteren Weg" die Naab entlang nach Fronberg strebte.
In den Sandsteinfelsen hat eine uralte, ergiebige Quelle eine recht geräumige Höhle gefressen. „Der Brunn" nennt eine alte Karte diese Stelle. Das war das Stückerl Weg, wo eine beklemmende Angst um das Kinderherz kroch, wo sich eine kühle Hand zwischen die kleinen Schulterblätter zu legen schien. Ob nicht doch ein furchtbarer, einem Krokodil ähnlicher Drache aus der Felsenhöhle hervorgekrochen kam?
Dort soll es nämlich gehaust haben, das schreckliche Untier, das alljährlich die Menschen aus Fronberg ängstigte und alles verschlang, was ihm in den Weg

Der Fronberger Drache – eine Bronzeskulptur des Schwandorfer Künstlers Peter Mayer.

kam. Kühne Ritter zogen aus, um den Drachen zu töten. Sie kamen nie mehr zurück.
Im späten Mittelalter war die Oberpfalz die Waffenschmiede des Reiches. Überall, wo das Wasser Schaufelräder anzutreiben vermochte, entstanden Eisenhämmer. Dort waren zentnerschwere Metallhämmer an kräftigen Stämmen befestigt. Die Wasserkraft hob sie, auf ein kunstvolles Räderwerk übertragen, einige Spannen hoch, klinkte aus und ließ sie auf wuchtige Ambosse fallen. So formten sie dann glühend gemachte Werkstücke.

Die Hammerknechte von Fronberg schmiedeten einen gewaltigen Spieß. Und als der Drache wieder einmal Angst und Entsetzen unter den Leuten verbreitete, zogen sie mutig los und trieben den Spieß in das weitaufgerissene, fauchende Maul des Untieres. Der Drache verendete.
Von nun an war alle Angst vorbei, und die geplagte Menschheit hatte ihre Ruhe. Dankbar erinnern sich die Einwohner von Fronberg ihrer mutigen Hammerknechte.

AUF DEM WEG IN DIE GEGENWART

1827 wurden die Weichen gestellt

Schwandorf verdankt seine Entwicklung der Eisenbahn. Der Bahnhof um 1910.

Wer heute auf einer der Naabbrükken steht und dem Spiel der Wellen an den Pfeilern zuschaut, wird ob der wenig einladenden Farben der träge dahingleitenden Naabfluten mit Wehmut an die Zeit denken, als man die Kiesel vom Grund heraufblinken sah, und gewichtige Fische, die reglos in der Strömung standen, beobachten konnte.
Auch früher mußte die Naab von Zeit zu Zeit geräumt werden, jedoch nicht, um den Unrat der Städte und Dörfer daraus zu entfernen oder die Abwässer der Industrien zu filtern. Die Flüsse waren nicht die Kloaken der Siedlungsräume, sondern die Lebensadern, auf denen die Schiffe schwere Lasten anlandeten, und die auch den Fischern aus den Erträgen der Fangzüge den Lebensunterhalt bescherten. Das von den Oberläufen und Zuflüssen angeschleppte Geröll verlegte stellenweise die Fahrrinnen und mußte in mühsamer Arbeit beseitigt werden.

1698 bestimmte der „Schmidmühlener Rezeß" die Räumungsauflagen der Fallinhaber an Naab und Vils. Für die Aufrechterhaltung gut zu befahrender Flußrinnen wurden sie nicht eigens entlohnt, so daß sie dieser Aufgabe nur unzureichend nachkamen. So beschwerte sich der königl. General-Salinen-Administrationsrat von Wolf, daß oft die 20 bei einem Schiffszug verwendeten Pferde vor ein Schiff gespannt werden mußten, um es über die Geröllhaufen im Fluß zu

„reiben und zu recken". Damals beförderten die flachbodigen Schiffe die Schwerlasten flußauf- oder -abwärts. „Außer Salz und Holz beförderten die Naabschiffer auch Getreide und Eisenerz. Letzteres stammte von dem kleinen, nun (Mitte des 19. Jahrhunderts) abgebauten Bergwerk zu Naabeck", meldet ein alter Bericht. Flußabwärts nützte man vor allem die natürliche Strömung. Flußaufwärts zogen die Pferde auf dem Scheffrittweg, der meist auf dem linken Flußufer lag.

Viele Berufe gab es bei der zünftigen Flußschiffahrt. Gelegentlich sind sie in den Familiennamen erhalten: Der Seßstaller, der das Schiff dirigierte, schöpfte mit „der Seß", einer Holzschaufel, das eingedrungene Wasser aus der tiefsten Stelle des Bootes, um trockene, unverdorbene Ware zu liefern. Der Seßstaller, der in der Mitte des Hauptschiffes seinen Platz hatte, befehligte den ganzen Salzzug. Panitzer hießen die einfachen Schiffsleute, die flußabwärts mit Seilen die Schiffe über Flachstellen hievten. Auf dem Heck saßen die Kehrer (Steuermänner), die beim Wenden (Kehren) des Schiffes ihre Fertigkeit unter Beweis stellen mußten.

Eine Beschwerde der Stadt Regensburg beim Richter von Burglengenfeld aus dem Jahre 1711 belegt die Flößerei auf der Naab, die den Holzhandel seinerzeit bis in die Kaiserstadt Wien ausgedehnt hatte. Üblicherweise konnten die Naabflößer ihre Baumstämme nur 14 Schuh (= ca. 4,20 m) breit bündeln. Die Durchfahrt an der „Steinernen Brücke" setzte dieses Maß. „Am Gries zu Stadtamhof", unmittelbar hinter der Regenmündung, verbreiterten sie dann ihre Flöße. Die Regensburger beklagten, daß die Naabflößer „auf dem baierischen Ufer" anlandeten und nicht auf der Regensburger Seite des oberen oder unteren Wöhrds, wie es geboten sei. (Regensburg war damals Freie Reichsstadt.) Die Flößer hatten für ihre Handlungsweise einen triftigen Grund. Die Reichsstadt verlangte nämlich, daß ihre Lände innerhalb von drei Tagen wieder verlassen werden mußte. Nun ist das Bündeln eines Floßes weitgehend den Geboten der Natur unterworfen, dem Hoch- oder Niedrigwasser, dem Frost und auch dem Regenwetter. Mit dem bemerkenswerten Hinweis, daß man in Regensburg nur „billiges Holz" haben wollte, wehrten sich die Flößer.

Die technischen Möglichkeiten der damaligen Zeit gewährleisteten das Ausbaggern der Fahrrinnen nicht. 1827 wurde die Schiffahrt auf der Vils eingestellt. Das Frachtgut der Schiffe übernahm das Fuhrwerk. Vorsorglich hatte die Stadt Amberg den Ausbau der „Salzstraße" Regensburg - Etterzhausen - Kallmünz - Amberg angestrebt. Die Regierung entschied sich jedoch für die Trasse Regensburg - Burglengenfeld - Schwandorf - Amberg. Ein Entschluß mit weitreichenden Folgen für den Wirtschaftsraum der mittleren Oberpfalz!

Kallmünz, dem an der Naab-Vils-Gabel eine dominierende Rolle zugefallen wäre, stand nun abseits der wichtigsten Verkehrsader des Oberpfälzer Raumes. Schwandorf, nicht Amberg, kam in den Schnittpunkt der Verkehrsachsen Nürnberg - Böhmen und Regensburg - Nordoberpfalz. Vielleicht verdeutlicht gerade ein Vergleich der Entwicklungen zwischen Kallmünz und Schwandorf die ganze Tragweite des Beschlusses von 1827.

Kallmünz war im 17. Jahrhundert wohl bedeutender als Schwandorf. Man erinnere sich, daß der Ort das Münzrecht besaß. Ihm blieben historische Erinnerungen an eine große Vergangenheit. Ihm blieb auch die malerische Idylle traulicher Winkel und Gassen, auch die landschaftliche Schönheit in einem abgeschiedenen, lange Zeit wenig erschlossenen Lebensraum. In Schwandorf verlangte die „neue Zeit" sehr bald ihren Tribut. Keine 20 Jahre nach dem Regensburger Beschluß begann der Abbruch der Stadttore, obwohl noch kein Motorfahrzeug die Straßen befuhr. Schwandorf und sein Umland rückten in das Zentrum der Oberpfalz. Alten, traditionsreichen Städten wie Nabburg und Burglengenfeld lief man den Rang ab. Die Bahnlinienführung der „Königlichen Ostbahn" um die Mitte des 19. Jahrhunderts ließ bereits Burglengenfeld links liegen.

Die Weichen für die Entwicklung der Stadt Schwandorf sind 1827 gestellt worden.

DIE GROSSE KREISSTADT

Von der kreisfreien Stadt zum Verwaltungsmittelpunkt

Großgemeinde, Mittelzentrum, Ballungsraum und noch eine Vielzahl neuer Begriffe sind uns in letzter Zeit geläufig geworden.

Schwandorf hat durch die Gebietsreform seine Eigenschaft als kreisunmittelbare Stadt aufgeben müssen. Es wurde Sitz des Landratsamtes, der verwaltungsmäßige Mittelpunkt im neugeschaffenen Landkreis Schwandorf. Umliegende Gemeinden wurden eingegliedert. Durch das Urteil des Bayerischen Verwaltungsgerichtshofes vom 21. März 1977 wurde auch die Gemeinde Dachelhofen ab 1. Mai 1978 ein Teil der Stadt, um das „Mittelzentrum Schwandorf" zu

stärken. Weiter wurde argumentiert: In diesem entwicklungsträchtigen Raum müsse nach einem einheitlichen Konzept für die Zukunft geplant werden.
„Meyers Reisebücher“ von 1922 wiesen unsere Heimat als Gebiet aus, „in dem besonders auch der wenig Begüterte Naturgenuß und Erholung in hohem Maße finden kann.“ Schwandorf sei ein „Städtchen an der Naab“ und biete als Ausflugsziel südöstlich in einer Viertelstunde Wegezeit den „Kreuzberg mit Wallfahrtskirche“ an.
Inzwischen sind viele Jahre vergangen. Der Kreuzberg ist nicht mehr vor den Mauern der Stadt, sondern von den Häuserzeilen umschlossen.
Es liest sich alles so fremd, was damals über den Heimatraum geschrieben wurde, und den Abglanz einer weitgehend verlorengegangenen Idylle findet man in Sätzen wie: „Von Schwandorf fährt die Bahn südlich durch ein feuchtes Talbecken.“ Heute rauchen dort die Schlote bedeutsamer Industrieanlagen, der Vereinigten Aluminium-Werke, des Bayernwerkes und anderer. Mächtige Bagger schaufeln Kies aus der Erde. Baggerseen verändern die Landschaft.
Die Menschen dieses Raumes brauchen Arbeit, Nahrung und Wohnstätten. Sie brauchen auch die Verbindung zur Umgebung und zur weiten Welt. Eine vielbefahrene Autobahn durchzieht inzwischen das Naabtal. Durch den Ausbau weiterer Straßen hat sich die zum Teil chaotische Verkehrslage der 70er Jahre für die Stadt etwas entspannt. Doch schon wieder ist die Rede von neuen Verkehrskonzepten, die einer geänderten Entwicklung Rechnung tragen sollen.

Vielfältig sind die Aufgaben des „Mittelzentrums Schwandorf“, und eine ganze Reihe mittelständischer Betriebe haben sich hier angesiedelt.

Herold & Co
Gaimersheim
32 t
ZWECKVERBAND
MÜLLKRAFTWERK SCHWANDORF

KULTURELLES LEBEN IN SCHWANDORF

Das Mittelzentrum Schwandorf bietet heute eine Vielzahl von Möglichkeiten, seine Freizeit individuell und sinnvoll zu gestalten. Das gesellschaftliche Leben der Stadt wird vor allem von den Verbänden und Vereinen geprägt, das Adreßbuch der Stadt weist über 150 derartige Körperschaften nach.
Eine Reihe städtischer Einrichtungen ergänzen das Angebot der Vereine. Die älteste kulturelle Einrichtung ist das Heimatmuseum, das 1912 von geschichtsinteressierten Bürgern gegründet wurde und 1913 in städtische Trägerschaft überging. Es mußte wiederholt seinen Standort wechseln und hatte, durch Krieg und Notzeiten bedingt, längere Schließungszeiten zu überstehen. Bereits in den 30er Jahren befand sich das Heimatmuseum im ehemaligen Rathaus, und seit 1962 ist es wieder dort untergebracht. Mit einem Kostenaufwand von 2,6 Millionen Mark saniert und mit weiteren Kosten von 600000 Mark für Ausstellungszwecke eingerichtet, bietet das Museum Platz für ständige Ausstellungen zur Geschichte Schwandorfs und seiner Bewohner, Wechselausstellungen und Raum für Einzelveranstaltungen.
Ebenfalls auf die Zeit vor dem Zweiten Weltkrieg reichen die Anfänge der Stadtbibliothek

Die Ratskannen im Heimatmuseum soll der Feldherr Jan van Werth anläßlich seiner Hochzeit im Jahre 1646 der Stadt geschenkt haben. Allerdings fand seine Vermählung in Köln statt.

Schwandorf zurück. Seit 1939 gab es Bestrebungen, in der Stadt eine öffentliche Bücherei zu errichten, die schließlich mit einem Bestand von etwa 600 Bänden Anfang November 1944 eingeweiht werden konnte. Die Bombardierung der Stadt am 17. April 1945 und die Wirren des Kriegsendes vernichteten den kleinen Buchbestand. Fast 10 Jahre dauerte es, bis auf Anregung des damaligen Rechtsrates und späteren Oberbürgermeisters Dr. Josef Pichl aus den Buchbeständen des Kreisjugendringes die Stadtbücherei entstand. Die Bibliothek wechselte aber zwischen 1954 und 1976 fünfmal den Standort, bis nach einem großzügigen Umbau der früheren Oberrealschule das jetzige Domizil an der Sandstraße gegenüber dem Carl-Friedrich-Gauß-Gymnasium bezogen werden konnte. Die Stadtbibliothek mit einem Buchbestand von inzwischen über 50000 Bänden erfüllt zugleich die Funktion einer Schul- und Pfarrbibliothek und erreicht inzwischen jährlich fast 100000 Entleihungen. Autorenlesungen, Kindernachmittage, Puppentheater und Ausstellungen gehören zum Programm der Bibliothek und bereichern das kulturelle Leben der Stadt.
Im November 1946 beschloß der Stadtrat die Gründung des „Volksbildungswerkes“, das im Oktober

1947 als „VBW Schwandorf" eröffnet wurde, und damit zu den ältesten kommunalen Einrichtungen der Erwachsenenbildung in Bayern gehört. Seit 1977 hauptamtlich geleitet, bietet die VHS ein umfangreiches Programm, das von Sprachkursen, Vorträgen zu den unterschiedlichsten Themen für jeden etwas bietet und fast alle Interessenbereiche abdeckt. Weit über 300 Veranstaltungen bietet die Volkshochschule jährlich an, die seit 1981 im ehemaligen „Stettner-Haus" in der Brauhausstraße über eigene Räume verfügt. Mit etwa 7000 Unterrichtsstunden gehört die VHS Schwandorf zu den größten Einrichtungen der Erwachsenenbildung im Landkreis.
Schwandorf ist eine ausgesprochene Sportstadt. Über 50 Sportvereine zeugen vom Sportgeist der Bevölkerung. Viele Millionen Mark wurden in den letzten Jahren in den Bau von Sportstätten investiert. Als letzte große Maßnahme wurde in den Jahren 1992/93 das 1966 eröffnete Freibad umgestaltet. Fast jede Sportart kann in Schwandorfer Vereinen ausgeübt werden. Darüber hinaus ist der Ort seit jeher ein Eldorado für Angler. An der Wackersdorfer Straße findet sich das städtische Sport- und Freizeitzentrum mit der Oberpfalzhalle und dem Sepp-Simon-Stadion, einem der schönsten Sportstadien Bayerns.
Über die Grenzen von Schwandorf hinaus ist inzwischen das „Oberpfälzer Künstlerhaus" ein Begriff. Die ehemalige Villa der Familie Kebbel, vor rund 100 Jahren entstanden, öffnete 1988 ihre Tore und präsentiert aktuelle bildende Kunst aus dem Oberpfälzer Raum. In Einzel- und Gruppenausstellungen werden die verschiedenen Strömungen der heimischen Kunstszene vorgestellt. Einmalig in Bayern ist eine druckgraphische Werkstatt. Die Parkanlage wird für Ausstellungen genutzt, der angrenzende Stadel ist in das Veranstaltungsprogramm mit einbezogen. Mit einer Vielzahl von Veranstaltungen wird in der „Kebbelvilla" das kulturelle Leben von Stadt und Region belebt.

Zu den ältesten kulturellen Einrichtungen Schwandorfs gehört die Stadtbibliothek. Sie besitzt inzwischen über 50 000 Medien.

Zu einer Kultureinrichtung mit überregionaler Bedeutung hat sich das „Oberpfälzer Künstlerhaus" in Fronberg entwickelt. Oberbürgermeister Hans Kraus eröffnet eine Ausstellung.

Das 1913 gegründete Heimatmuseum wurde nach einem großzügigen Umbau 1990 eingeweiht. Eines seiner Schmuckstücke ist die Schmiede, die originalgetreu wieder aufgebaut wurde.

Die „Kebbelvilla" beherbergt seit 1988 das „Oberpfälzer Künstlerhaus".

DIE STADT ÄNDERT IHR GESICHT

Die letzten 20 Jahre

Völlig neugestaltet wurde im Rahmen der Stadtsanierung der Naabuferbereich.

Am 2. März 1972 stellte die Stadt Schwandorf den Antrag auf Aufnahme in das Städtebau-Förderungsprogramm. Es begannen die vorbereitenden Untersuchungen, die das Gebiet zwischen der Böhmischen Torgasse, der Weinberg- und Fronberger Straße, dem Naabuferbereich über die Friedrich-Ebert-Straße bis zur Adenauerbrücke umfaßten. Der Abschlußbericht für die Fläche von 27 Hektar konnte im Dezember 1976 vorgelegt werden.
Am 16. Mai 1979 beschloß der Stadtrat die Aufstellung des Bebauungsplans I A für den Bereich „Brauhausstraße". Die damit begonnene Stadtsanierung hat das Bild der Kernstadt Schwandorfs entscheidend verändert.
Die jüngere Generation kann sich das alte Gesicht Schwandorfs inzwischen kaum mehr vorstellen: Tivoli-Mühle, Stettnergarten, TSV-Halle, Turnhallengasse, Salz- und Seelenhausgasse sind fast vergessene Namen. Nach dem Abbruch des Mühlengebäudes entstand im Stettnergarten eine Erholungs- und Grünfläche für die Allgemeinheit.
Dann ging es zügig weiter: Nach dem Kauf des TSV-Geländes auf dem Hubmannwöhrl im Jahre 1980 folgte die Erschließung der Naabuferstraße, dann 1982 die Sanierung des Stettner-Wohnhauses und der Neubau der Uferstraße mit Ufermauer. Im gleichen Jahr konnte das Parkhaus errichtet werden. Schon ein Jahr darauf folgte die Umgestaltung und nicht unumstrittene Verkehrsberuhigung des oberen Marktplatzes. 1984 wurde die Güterhallengasse ausgebaut und die neue Feuerwache an der Ettmannsdorfer Straße ihrer Bestimmung übergeben.
Zwei Jahre später konnte der Stadtpark auf dem Hubmannwöhrl eröffnet werden und 1988 das umgestaltete Heimatmuseum in der Rathausgasse. Noch im gleichen Jahr wurde das Gelände des Hotels „Kloster" in der Bahnhofstraße von der Stadt erworben, um hier ein neues Altersheim zu errichten. Bereits ein Jahr zuvor war die Umgestaltung des unteren Marktplatzes erfolgt.
Neben etlichen privaten Baumaßnahmen im Sanierungsgebiet kam es schließlich auch zu erheblichen Veränderungen im Umfeld der Stadtpfarrkirche St. Jakob: Gesamtrestaurierung und Trockenlegung der Pfarrkirche (1983), Neugestaltung des Kirchplatzes (1984), Innenrestaurierung (1985), Gesamtrestaurierung des alten Pfarrhofes und Umbau des ehemaligen Kooperatorenhauses zu einem Kindergarten, eigenem Pfarrsaal und Jugendräumen (1991).
Während derzeit der Bereich des Gebietes „Breite Straße" saniert wird, werden weitere Sanierungsschwerpunkte die Bereiche Klosterstraße mit dem Neubau des Altersheimes und der Bereich III a („Am Venus") bilden. Hier entsteht ein Parkdeck. Bis zum Jahresende 1990 wurden in die Stadtsanierung fast 40 Millionen Mark investiert.
Das Bild der Stadt wird sich auch in den nächsten Jahren noch weiter verändern, auch wenn diese Veränderungen nicht mehr so gravierend sein werden, wie die Maßnahmen der letzten zwei Jahrzehnte.

Eine Vielzahl von Freizeitmöglichkeiten bietet Schwandorf und seine Umgebung. Die jüngste Attraktion ist sicher das 1993 eingeweihte Erlebnisbad.

Eine Oase der Ruhe und Erholung nur wenige Meter vom Stadtzentrum entfernt: der Stadtpark auf dem Hubmannwöhrl.

Zum Baden, Segeln und Surfen laden die zahlreichen Kiesweiher und rekultivierten Tagebauseen in der Umgebung ein: hier der Klausensee.

EIN KAPITEL KIRCHENGESCHICHTE

Einführung des Christentums und Frühzeit

Über die Entstehung einer christlichen Gemeinde, den Bau einer ersten - wahrscheinlich ganz aus Holz zusammengesetzten - Kirche, ja für die gesamte Frühzeit fehlen uns die geschichtlichen Nachweise. Die Ursache des Mangels an Dokumenten findet wohl in der slawischen Einwanderung nach 610 eine Erklärung. So muß versucht werden, an Hand von ähnlich gelagerten Verhältnissen herauszufinden, wie sich der kirchengeschichtliche Beginn in unserem Raum abwickelte.
Die Bekehrung der Oberpfalz ging vom Kloster St. Emmeram in Regensburg aus. Die Diözesanhistoriker weisen ausdrücklich auf die Agilolfinger hin. Damals zogen die Missionare die Naab aufwärts und gründeten im Abstand von Tagesritten Peterskirchen, so in Wiefelsdorf, Perschen und Tirschenreuth. Nach einiger Zeit - das hing vom Bekehrungserfolg ab - entstanden in unmittelbarer Nähe Taufkirchen, Johannes dem Täufer geweiht. Diese finden sich an Gewässern, da die Germanen im Wasser stehend die Taufe empfingen. Bei Tirschenreuth findet man „St. Johannes in den Weihern". Die Perschen zugehörige Johanneskirche war in Nabburg, und für die Wiefelsdorfer Gründerkirche stand die Taufkirche St. Johannes in Schwandorf. Erst vor wenigen Jahren wurde der historische Nachweis gefunden. Die General-Visitation von 1526 nennt unter den in „Schwaingdorff" aufgezählten kirchlichen Gebäuden eine „Cap. S. Jo. Bapte. in coemeterio" (Kapelle des hl. Johannes im Friedhof). Da der hl. Johannes aber nie als Totenpatron verehrt wurde, kann das Patrozinium nur von einer abgebrochenen Johanneskirche - vermutlich in unmittelbarer Nähe der Naab - übernommen worden sein.
Einen weiteren Hinweis liefert die Änderung der Marktordnung von 1466: Die neuerbaute Jakobskirche war gerade soweit fertig, daß dort Gottesdienste abgehalten werden konnten. Der bisherige Patroziniumsmarkt an Johanni (24. Juni) nach der Marktordnung von 1299 mußte dem Jakobimarkt (25. Juli) weichen. Dieser hat sich bis heute erhalten. Nach der Reformation liest man in der Diözesanbeschreibung von 1665: „Cap. BV, S. Annae et Sebastiani in Coemeterio" (Kapelle der sel. Jungfrau, der hl. Anna und Sebastian im Friedhof). Diese Kapelle war nie Pfarrkirche. Die Pfarrgottesdienste wurden nur während der Umbauarbeiten an der Jakobskirche dort abgehalten. 1859 wurde sie - St.-Anna-Kapelle genannt - abgebrochen. Ihr Standort war etwa der gegenwärtige Pfarrhof.
Schwandorf wird bereits 1286 als Großdekanat ausgewiesen. Es gibt jedoch Zweifel bezüglich der Jahreszahl. Sicher ist, daß Schwandorf sehr bald die Gründerkirche Wiefelsdorf an Bedeutung überrundet hat. Es war der kirchliche Mittelpunkt in der mittleren Oberpfalz während des Mittelalters. Das Domkapitel behielt sich das Recht vor, hier die Pfarrer einzusetzen.

Schwandorf auf einer kolorierten Federzeichnung des 17. Jahrhunderts im Staatsarchiv Amberg. (Plansammlung 425, Ausschnitt)

VON DER REFORMATION BIS ZUR AUFTEILUNG DER PFARREI

Der Wendelinplatz um 1910. Die gotische St.-Salvator-Kirche wurde im 2. Weltkrieg beschädigt und wurde 1948 abgerissen, die Wendelin-Kapelle mußte dem zunehmenden Verkehr weichen.

Religiöses Denken, das tiefverwurzelte Bewußtsein, daß man „Rechnungsschafft geben“ müsse für sein ganzes Leben, bestimmte weitgehend die Lebensauffassung des mittelalterlichen Menschen.
Die Zehn Gebote waren die Grundlage der persönlichen Lebensauffassung, des gesellschaftlichen Verhaltens und auch der Rechtsprechung.
Einen tiefgreifenden Einschnitt in diese Geisteshaltung brachte die Reformation. Entscheidend für die spätere religiöse Entwicklung in einer Landschaft war die Glaubenszugehörigkeit des Landesherren. Der Augsburger Religionsfriede von 1555 hielt urkundlich fest, was sich seit Jahrhunderten eingebürgert hatte: Wem das Land gehörte, dessen Religion hatte die Bevölkerung anzunehmen.
1542 erließ Herzog Otto Heinrich (Ottheinrich) von Pfalz-Neuburg, in dessen Herrschaftsbereich Schwandorf eingeschlossen war, das Neuburger Religionsedikt: Sein Land müsse den evangelischen Glauben annehmen. Die Geschichtsschreiber der beiden Konfessionen deuten die Beweggründe für diese Entscheidung verständlicherweise sehr unterschiedlich. Die eine Seite spricht von einer Gewissensentscheidung, die andere weist auf die ständige Geldnot des Fürsten hin.
Die Glaubensumstellung war zeitlich von Ort zu Ort verschieden. Am 6. Oktober 1544 beklagte Bischof Pankratius Syntzenhofer von Regensburg in seinem Hirtenbrief, daß der Schwandorfer Pfarrherr Anzinger (Entzinger) vom katholischen Glauben abgefallen sei. Er bestellte den Pfarrer Georg Popp aus Hahnbach zum neuen Dekan. Ab Herbst 1544 beginnt die evangelische Epoche der Schwandorfer Kirchengeschichte.
In diese Zeit fällt der Bau der „Capl zum Salvator am Sand“ unter der Aufsicht des Burglengenfelder Superintendenten M. Johann Tettelbach. Über die Bauzeit schwanken die Aussagen von den

Zum 1443 gegründeten Spital gehört die Spitalkirche an der Naab.

Jahren 1568 bis 1592. Kulturgeschichtlich bestand die Besonderheit dieser Kirche darin, daß üblicherweise die Zeit der Gotik von 1250 bis 1450 angesetzt wird. Ab 1500 spricht man durchweg von der Renaissance. Die Salvatorkirche, zu Ausgang des 16. Jahrhunderts vom Schwandorfer Maurermeister Leonhard Kraus errichtet, war in ihrer baulichen Gestaltung ein ausgesprochen spätgotisches Bauwerk. Beim Bombenangriff 1945 wurde sie beschädigt. Die Bemühungen der protestantischen Kirchengemeinde, diese Kirche als Ersatz für ihr völlig zerstörtes Gotteshaus in der Bahnhofstraße zu erwerben, waren vergeblich. Die Salvatorkirche stand am Wendelinplatz, etwa auf dem Platz des heutigen Arbeitsamtes, und wurde 1951 abgerissen. Schwandorf war um eine kirchen- und baugeschichtliche Besonderheit ärmer geworden.
Nach der Rekatholisierung unter Herzog Wolfgang Wilhelm 1617 kam Pfarrer Leonhard Strobel. Er wirkte während des ganzen 30jährigen Krieges bis zu seinem Tode am 1. August 1645 mit großem Seeleneifer. Sein Epitaph in der Pfarrkirche ist noch erhalten. Eine Sage erinnert, daß er, von den Alberndorfern gejagt, nach einem Stoßgebet an Maria durch plötzlichen Nebel seinen Verfolgern entzogen worden sei. Auf der Inschrift der Priestersäule an der Senefelderstraße wird er „Vater in der Noth in Rat und That" genannt.
Dem Rechte der Herrschaft entsprechend wurde und blieb unsere Heimat katholisch. Das Religionsedikt des Kurfürsten Max IV. Joseph (ab 1806 König Max I.) vom 10. 1. 1803 garantierte die religiöse Gleichberechtigung der Bekenntnisse. Evangelische Christen kamen nach Schwandorf, vor allem durch die neue Eisenbahn. Sie bildeten 1865 mit der Anstellung des Reisepredigers Reinhold Schmidt eine eigene Gemeinde. Bereits 1872 wurde ein evangelisches Gotteshaus erbaut, das durch die Bomben des 17. April 1945 zerstört wurde.
Die Entwicklung der Stadt nach dem Eisenbahnbau 1859 im ausgehenden 19. und durch die Industrialisierung im Laufe des 20. Jahrhunderts vervielfachte rasch die Einwohnerzahlen. Aus den 1845 Einwohnern des Jahres 1852 sind fast 30000 geworden. Zur Mutterpfarrei St. Jakob gehörten noch 1928 auch die Filialen in Ettmannsdorf, Fronberg und Haselbach. Die beiden ersten sind inzwischen selbständige Pfarreien; im Stadtgebiet entstand 1950 die

An den ersten katholischen Pfarrer nach der Reformation erinnert die „Strobel-Säule" an der Senefelderstraße.

Pfarrei Herz Jesu, 1964 die Pfarrei St. Paul auf dem Weinberg, und mit Beginn des Jahres 1967 wurde das Kreuzbergmünster eigene Pfarrkirche. Die Expositur Haselbach wird weiterhin von St. Jakob aus betreut.
An kirchlichen Einrichtungen verfügt die katholische Gemeinde außerdem über die Spitalkirche St. Elisabeth, die Dominikanerinnenkirche St. Joseph und die Kriegergedächtniskapelle St. Barbara, heute im Sprachgebrauch der Bevölkerung „Krankenhauskapelle" genannt. Die evangelische Bevölkerung besitzt nach dem Wiederaufbau seit dem 11. Mai 1950 wieder ein eigenes Gotteshaus, nachdem die Spitalkirche als Zwischenlösung ausgeholfen hatte. Auch hier bedingte der Bevölkerungszuwachs einige Veränderungen. Seit 1955 gibt es eine 2. Pfarrstelle und seit 1961 steht am Hochrain ein zweites evangelisches Pfarr- und Gemeindehaus. Die Gemeinde der Zeugen Jehovas errichtete ihren Gebetssaal im Hochrain an der Alustraße.
Auch die Neuapostolische Gemeinschaft hat an der Waldschmidtstraße ein eigenes Gebetshaus. Ordensgemeinschaften, sei es auf karitativem Gebiet bei der Betreuung alter Menschen, auf dem Schulsektor (Gerhardinger- und Dominikanerinnenschule) und im Dienst am kranken Menschen (Krankenhaus St. Barbara) haben sich in Vergangenheit und Gegenwart beachtliche Verdienste erworben. Das religiöse Leben in der Stadt erfährt in kirchlich orientierten Vereinen und Verbänden ebenfalls eine gedeihliche Förderung.

Zwischen 1542 und 1617 war Schwandorf evangelisch. Mit dem Bau der Eisenbahn wuchs die Zahl der Protestanten wieder – eine Reisepredigerstelle wurde errichtet. 1872 wurde mit dem Bau eines Bethauses begonnen, das dem Bombenangriff zum Opfer fiel. Am 11. Mai 1950 konnte die neuerbaute Erlöserkirche eingeweiht werden.

AUS DER GESCHICHTE SCHWANDORFER ORTSTEILE

Mit dem Abschluß der Gemeindegebietsreform im Jahre 1978 kamen eine Reihe von Orten zur „Großen Kreisstadt Schwandorf", die viele Jahrzehnte als eigene Gemeinden bestanden hatten und häufig auf eine lange und imponierende Geschichte zurückblicken können. Sie seien hier kurz vorgestellt.

Bubach und Waltenhof

Das Traditionsbuch des Klosters St. Emmeram in Regensburg weist auf die sehr frühe Gründung einer Kirche in Bubach hin. Bereits 1286 ist der Ort als Pfarrsitz ausgewiesen. Lange Zeit war der Ort im Besitz der Sinzenhofer, 1654 fiel er an den Herzog von Neuburg. Verschiedene Besitzer des Landsassengutes folgten. Zur Gemeinde Bubach gehörte früher Waltenhof, das bereits 864 seine erstmalige urkundliche Erwähnung fand und damit den am frühesten genannten Ortsteil der Stadt Schwandorf darstellt. 1855 zerstörte ein Brand einen Teil des Ortes.

Dachelhofen und Büchelkühn

„Techelhove" und „Tachelhouen" lauteten die ersten bekannten Bezeichnungen für den Ort, der 1249 erstmals schriftlich erwähnt wurde. Die Klöster Ensdorf und Pielenhofen hatten hier Besitzungen ebenso wie die adeligen Familien Punzinger und Sinzenhofer. Die Weiherwirtschaft spielte eine große Rolle, im Jahre 1600 war der Ort Sitz einer Hauptmannschaft.

Während der Ort 1905 nur knapp über 200 Einwohner zählte, begann im Jahre 1929/30 eine wirtschaftliche Blüte, als in der Nachbarschaft

Mit dem Bau des Bayernwerkes in den Jahren 1929/30 und der Errichtung des Naabwerkes der Vereinigten Aluminiumwerke im Jahre 1936 begann für Dachelhofen die Entwicklung vom kleinen Dorf zur wohlhabenden Industriegemeinde.

zur Bayerischen Braunkohlenindustrie (BBI) in Wackersdorf das Bayernwerk in Dachelhofen errichtet wurde, in dessen Nähe sich wiederum 1936 das Nabwerk der Vereinigten Aluminiumwerke niederließ. 1950 überschritt die Einwohnerzahl der Industriegemeinde die Tausendergrenze. Die Eingemeindung des wohlhabenden und selbstbewußten Dachelhofen in die „Große Kreisstadt Schwandorf" verlief nicht ohne Widerstände.
Büchelkühn, als „Pouchelschinden" 1210 in einer Urkunde des Klosters Ensdorf genannt, wuchs gerade in den letzten Jahrzehnten stark an. Viele Menschen bauten sich hier in den 70er und 80er Jahren im Schatten der Kühltürme des Bayernwerkes ihr Eigenheim. Seit 1980 ist Dachelhofen der Standort eines Müllkraftwerkes.

Ettmannsdorf

Die Wasserkraft der Naab wurde über Jahrhunderte in Ettmannsdorf genutzt: für Mühlen, ein Hammerwerk, eine Nagelschmiede, eine Glasschleife. Oskar von Miller errichtete hier schließlich eines seiner ersten Wasserkraftwerke. Das neue Schloß beherbergt heute das Kloster „Zum guten Hirten". Ansicht: Ettmannsdorf von Georg Hämmerl im Schloß Dietldorf.

Die Belege für Ettmanndorf reichen ebenfalls weit in die Geschichte zurück: Zwischen 1010 und 1028 erscheint der Ort in den Traditionen des Klosters St. Emmeram. Zetmasdorf, Etmatesdorf, Ettingsdorf und Etimsdorf lauten die verschiedenen Bezeichnungen für die Ortschaft im Mittelalter, die um 1150 Sitz eines Ministerialengeschlechts wurde. Die Kirche St. Vitalis erscheint 1326 in einem herzoglichen Urbar. Für 1439 ist eine Mühle an der Naab belegt, ein Hammerwerk wurde um das Jahr 1448 errichtet. 1461 bestätigten die bayerischen Herzöge den Freiheitsbrief für den Ettmannsdorfer Schien- und Blechhammer und damit die Erlaubnis, das notwendige Bau- und Kohlenholz aus den herzoglichen Wäldern zu beziehen, während sich die Landesherren verpflichteten, in diesem Raum keine neuen Hämmer mehr errichten zu lassen.
Der Erwerb zahlreicher Liegenschaften durch die Familie Franck im frühen 16. Jahrhundert führte 1546 zur Errichtung der Hofmark Ettmannsdorf. Der Hammer ging im 30jährigen Krieg ein, nur eine Nagelschmiede blieb übrig. Ein Teil des ehemaligen Hammerwerkes wurde später in eine Glasschleife umgewandelt, diese wiederum 1867 in eine Kunstmühle. Oskar von Miller, der geniale Ingenieur und Gründer des „Deutschen Museums" in München, errichtete am Ort ein Wasserkraftwerk. Seit 1866 ist Ettmannsdorf der Standort des Klosters „Zum guten Hirten". Zur ehemaligen Gemeinde Ettmannsdorf gehörten früher die Löllsanlage und die Einöden Egidiberg und Sitzenhof.

Fronberg

Auf uraltem Siedlungsboden liegt Fronberg. Das Schloß wurde im Laufe der Zeit mehrmals umgebaut und gehört heute der Familie von Breidbach-Bürresheim. Es beherbergt mit seiner zweigeschossigen Laube im Innenhof ein seltenes Bauwerk der Renaissance. Über die weitere Verwendung des Schloßes wird derzeit nachgedacht. Ansicht von Georg Hämmerl um 1800.

Schon in vorgeschichtlicher Zeit besiedelt - Funde weisen in die späte Bronzezeit - wurde Fronberg 1031 erstmals urkundlich erwähnt, von 1210 bis 1460 wird das Adelsgeschlecht der Fronberger genannt.

Das im Landshuter Erbfolgekrieg 1504 niedergebrannte Schloß wurde unter den Vestenbergern wieder aufgebaut und 1587 vollendet. Es ist eines der wenigen erhaltenen Zeugnisse der Renaissance-Baukunst in der Oberpfalz. Derzeit wird über die weitere Verwendung des Schloßes nachgedacht.
Auf eine lange Tradition kann das Eisenwerk in Fronberg zurückblikken: Bereits im 14. Jahrhundert entstand in Fronberg ein Schienhammer, der später Bleche, Draht und Waffen produzierte.

Unter der Familie Spiering erreichte das Gut Fronberg mit dem Erwerb der Hofmarken Ettmannsdorf und Haselbach im 18. Jahrhundert seine größte Ausdehnung. Die jüngste Tochter des letzten Spiering heiratete 1831 den Grafen Karl Theodor von Holnstein. Ihr Porträt ist in der Schönheitengalerie Ludwigs I. im Schloß Nymphenburg zu bewundern.
1875 kam das Schloß in Fronberg an den Baron von Breidbach-Bürresheim, die Familie besitzt es bis heute.
Mit dem „Oberpfälzer Künstlerhaus" besitzt der Ortsteil Fronberg einen der kulturellen Stützpunkte der Stadt Schwandorf. Daß die Ortsbewohner traditionsbewußt sind, zeigen sie an der berühmten „Fronberger Kirwa" im Oktober eines jeden Jahres.

Gögglbach und Naabsiegenhofen

Rotpertus des Gekkilenbach wird 1085 als erster Besitzer des Ortes schriftlich erwähnt. Er dürfte mit dem Geschlecht der Wolf verwandt gewesen sein, die aus Gögglbach stammten und später in Naabeck und Lengenfeld erscheinen. Sie überließen zahlreiche Besitzungen am Ort später dem Spital St. Katharina zu Regensburg. Noch 1788 gehörten drei Untertanen von Gögglbach nach Naabeck. Die Kirche St. Laurentius ist heute zwar eine Filiale von Neukirchen, doch war der Ort bereits 1286 eine selbständige Pfarrei. Die Kirche weist einen romanischen Einfluß auf und wurde später nach Osten hin erweitert. Die Innenausstattung stammt aus dem 18. Jahrhundert. Zur Gemeinde Gögglbach gehörte Naabsiegenhofen, das bereits in vorgeschichtlicher Zeit besiedelt war. Die Familie der Siegenhofer war ursprünglich hier begütert, 1144 kam ein Gut am Ort an das Kloster Ensdorf. Später wurden die Herren von Naabeck hier Grundherren. Die Kirche St. Salvator weist in romanische Zeit, hat aber einen gotischen Chor. Eine wertvolle Muttergottesfigur stammt aus spätgotischer Zeit um 1500. Ein Ortsteil von Gögglbach war früher die Einöde Krainhof.

Ein Kleinod beherbergt die Kirche in Naabsiegenhofen mit seiner gotischen Madonna.

Die St.-Laurentius-Kirche in Gögglbach gehört heute zu Neukirchen. 1286 war der Ort eine selbständige Pfarrei. Ein Teil des Mauerwerks der Kirche ist romanischen Ursprungs, ihr Innenschmuck stammt aus dem 18. Jahrhundert. Eine ungewöhnliche Perspektive zwischen der VAW und dem Kühlturm des Bayernwerks.

Haselbach

Schon zwei Jahre nach der Gründung des Benediktinerklosters Ensdorf 1121 kommt „Haselahe" in den Übergabebriefen dieses Klosters vor. Herren des Ortes sind die Haselbacher, auch Haselaher oder Haselbeckher genannt. Häufig sind sie Zeugen bei den Rechtsgeschäften des Klosters Ensdorf. Nachdem die Haselbacher im 13. Jahrhundert ihr Stammgut aufgaben, sind fünf Generationen lang die Paulsdorfer hier ansäßig, denen auch Teile Ettmannsdorfs gehörten. Der letzte Paulsdorfer auf Haselbach war Teilnehmer der entscheidenden Schlacht gegen die Hussiten bei Hiltersried im Jahre 1433.

Um 1400 entstand in Haselbach eine Kirche, 1433 wird erstmals der Haselbacher Vikar erwähnt, der dem Pfarrer von Schwandorf unterstellt war. Dorothea Hirschberger, die mit Jörg von Fronberg verheiratet war, stiftete 1476 eine Frühmesse. Eine Gedächtnisinschrift im Chor erinnert an die Wohltäterin.

Fast 200 Jahre lang, von 1583 ab, bestimmten die Rußwurm die Geschicke der Hofmark Haselbach. Unter dem letzten dieses Geschlechts brannten 1754 über 40 Häuser der Ortschaft ab, dazu die Sakristei und der Turm der Kirche. Weitere Brände erschütterten das Dorfleben im 19. Jahrhundert. 1912 wurde das Schloß abgebrochen, das nach den Rußwurm in verschiedene Hände gelangt war.

In vielen Urkunden des Klosters Ensdorf tauchen die Adeligen von Haselbach auf. Nach mehreren Bränden im 18. und 19. Jahrhundert erinnert heute nichts mehr an den alten Hofmarkssitz.

Klardorf und Zielheim

„Claydorf" lautete die erste bekannte Bezeichnung von Klardorf in den Akten des Klosters Prüfening vom Jahre 1150. Später gehörte der Ort zum Amt Pettendorf. Oft wechselten die Besitzer, 1554 war das Kloster Ensdorf hier begütert, während nach Prüfening jeden Quatember-Fasttag noch eine bestimmte Menge an Fischen zu liefern war.
Seit 1950 ist Klardorf mit der Ortschaft Zielheim verbunden. „Zidmarschinden" lautete seine erste Bezeichnung, und zwar 1178 bei einer Schenkung Ulrichs von Haselbach an das Kloster Ensdorf. Lange Zeit hatten die Benediktiner aus dem Vilstal hier Rechte, aber auch der Herzog war im Besitz mehrerer Höfe. 1600 zählte Zielheim 16 Herdstätten, die überwiegend nach Burglengenfeld gerichtsbar waren.
1150, im gleichen Jahr wie bei Klardorf, erfolgte die urkundliche Erstnennung der Halbinsel Stegen, als Rudolf von Osterhofen hier ein Gut dem Bistum Passau vermachte. Schon bald dürfte eine Mühle entstanden sein, die später als „Neumühle" und „Mühle am Pühl" Erwähnung fand. Die Stegmühle, seit 1637 unbewohnt, wurde durch Johann Fabrizius von Altenstadt wieder aufgebaut, wechselte dann aber oft die Besitzer. Im 19. Jahrhundert entstanden eine Turbine zur Stromerzeugung und eine Holzpappenfabrik.

Die Naab bei Klardorf

Krondorf und Richt

Bereits in karolingischer Zeit dürfte Krondorf die Furt über die Naab gesichert haben. Nachdem sich Schwandorf als Pfarr- und Amtssitz herausbildete und hier der Brückenzoll eingetrieben wurde, verschoben sich die Verhältnisse zugunsten Schwandorfs. Der Volksmund überliefert den Sitz eines Schloßguts und tatsächlich werden in den Traditionen des Klosters Reichenbach zwischen 1230 und 1236 die Adeligen Heinrich und Friedrich von Caundorf genannt. Der berühmteste seines Geschlechts war Otto von Krondorf, der es 1287 zum Vizedom des Amtes (Burg) Lengenfeld brachte und damit zum Stellvertreter des Herzogs in diesem Bereich. Nach dem bayerischen Geschichtsschreiber Aventinus soll Otto 1296 in Ungnade gefallen und geblendet worden sein.
Feuer und Wasser bildeten stets eine große Gefahr für den Ort. 1566 wurde beispielsweise die Naab-

brücke weggespült, und Sand überdeckte die Felder. Eine Hochwasserkatastrophe ähnlichen Ausmaßes ereignete sich 1909. Am 1. Mai 1874 brannte der Ort vollständig nieder, gleiches geschah 1893.
Zur früheren Gemeinde Krondorf gehörten die Ortsteile Kreith und Richt. In der Verbindung mit Hohenwart erscheint Richt 1270 als „Hohenruit". Besitzer waren die Fronberger. Während Richt nach Pittersberg inkorporiert war, gehörte Krondorf immer zur Pfarrei Schwandorf.
Der Name Kreith wird als Rodungsname gedeutet und hieß 1326 „auf der Riute". 1413 wird der Ort als „Grewt" und 1490 als „Gereutt" erwähnt, bis sich schließlich am Ende des 18. Jahrhunderts die heutige Bezeichnung durchsetzte.

Das Ziel vieler Schaulustiger ist jedes Jahr an Pfingsten der Krondorfer Anger, wenn hier das Schwandorfer Volksfest gefeiert wird.

Kronstetten Lindenlohe Prissath Freihöls Charlottenhof

Das in der Oberpfalz sehr beliebte Pyramidendach deckt den Kirchturm von Kronstetten. Der mittelalterliche Bruchsteinbau wird dem 13. Jahrhundert zugerechnet und war früher ein beliebter Wallfahrtsort. Heute ist die Kirche St. Johannes Baptista eine Filiale von Wackersdorf.

Große Förderer der Karpfenzucht waren die Grafen von Holnstein auf Fronberg und Schwarzenfeld. Sie ließen um Freihöls und Charlottenhof viele Weiher anlegen.

Einen guten Ruf weit über die Region hinaus hat die orthopädische Klinik Lindenlohe des BRK.

Die Geschichte Kronstettens ist zunächst die Geschichte seiner Kirche. Die zu Schwandorf gehörige Filiale St. Johannes Baptista scheint im 13. Jahrhundert erbaut worden zu sein; kirchliche Beziehungen bestanden zu Fronberg und Wackersdorf. 1555 wurde Kronstetten der Schwandorfer Kirche angegliedert. Der Pfleger Johann Faber stiftete 1650 in Kronstetten einen Jahrtag. Neben Schwandorf war später auch die Pfarrei Wackersdorf für Kronstetten zuständig. Zu dieser Pfarrei gehört der Ort bis heute.
Zwischen 1600 und 1800 hatte der Ort eine eigene Schule, im Jahre 1800 wurden die Kinder nach Wackersdorf umgeschult. Fünf Höfe am Ort gehörten im Jahre 1635 zur Herrschaft Fronberg.

Der Ort Lindenlohe, bereits 994 genannt, bestand ursprünglich aus vier Höfen in herzoglichem Besitz. Einkünfte bezog das Kloster Walderbach. Besitzer waren außerdem die Fronberger. Die orthopädische Klinik Lindenlohe macht den Ort weit über die nähere Umgebung hinaus bekannt.
1233 erfolgte die erste urkundliche Nennung von Prissath als „Prizat" und „Priezzat". Der Name kommt eindeutig aus dem Slawischen und bedeutet „Umpflanzung". Freihöls erscheint erst viel später, während Charlottenhof gar erst im 19. Jahrhundert gegründet wurde. Seit kurzem befindet sich in Charlottenhof das Innovationszentrum der Handwerkskammer Niederbayern/Oberpfalz, ebenfalls eine Einrichtung mit überregionaler Bedeutung.

Im 19. Jahrhundert wurde das Jagdschlößchen Charlottenhof errichtet. Nach einer wechselvollen Geschichte beherbergt es heute das Innovationszentrum der Handwerkskammer.

Naabeck

Hoch über der Naab liegt als beliebter Ausflugsort Naabeck mit seinem Schloß, das in einzelnen Teilen unverkennbar Merkmale der Renaissance aufweist. Während die Westseite noch ein getreues Bild des ursprünglich mit Graben und Mauern gesicherten Edelsitzes zeigt, wurde der Südteil mehrfach erneuert. Die Geschichte des Ortes geht weit zurück, ebenso wie die des Ortsadels, der mit Ulrich dem Naabecker als Zeuge einer Schenkung des Jahres 1112 in die Historie eintritt. Der Adelssitz Naabeck hängt eng mit den Nach-

Malerisch am Berghang über dem Naabtal liegt Naabeck, ein uralter Adelssitz. Das Schloß zeigt markante Merkmale der Renaissance, wurde aber 1656 und 1836 umgestaltet. Berühmt ist das Naabecker Bier.

barorten Bubach und Gögglbach zusammen. In enger Verbindung zum Ort stand die weitverbreitete Familie Wolf, später dann die Paulsdorfer, die Nothafft von Wernberg und auch die Parsberger waren hier begütert. Unter Jörg von Parsberg, der dem aufständischen Löwlerbund angehörte, wurde die Burg von Naabeck gestürmt und teilweise zerstört. 1520 wurde eine Schmiedestätt sowie der Betrieb einer Taferne mit der Braugerechtigkeit genehmigt, so daß die Schloßbrauerei auf ein bald 475jähriges Bestehen zurückblicken kann. Im 30jährigen Krieg verödet, erstand 1656 das Schloß neu, und häufig wechselten in der Folgezeit die Besitzer. Nach den Grafen Drechsel, die Teile des Schloßgebäudes erneuern ließen, kam das Gut an die Familie Rasel, die nun das Anwesen besitzt und die Schloßbrauerei zu einem modernen Wirtschaftsunternehmen ausbaute.

Neukirchen

Heinrich Zenger von Nabburg war 1233 Besitzer eines großen Hofes in „Niwenkirchen", das bereits 1286 eine selbständige Pfarrei war.

Flurnamen wie etwa „Kalluzen" weisen darauf hin, daß Neukirchen schon in der Zeit der slawischen Besiedlung eine gewisse Bedeutung hatte.

Neukirchen, eines der schönsten Dörfer der Oberpfalz.

Auf den Fundamenten romanischer Grundmauern steht die Kirche St. Martin in Neukirchen. Sie wurde im 18. Jahrhundert grundlegend umgestaltet und am Ende des 19. Jahrhunderts nach Westen erweitert. Bemerkenswert ist das romanische Taufbecken mit seinen Rundbogenarkaden.

Während der Hussitenkriege mit Wiefelsdorf vereinigt, wird ab 1428 wieder ein eigener Pfarrer genannt. Auch während der Zeit der Reformation behielt der Ort seine kirchliche Selbständigkeit, wurde aber anschließend zuerst von Schwandorf und dann von Wiefelsdorf aus versehen. 1734 bekam die Ortschaft wieder einen eigenen Pfarrer zugeteilt.
Hartenricht (genannt 1233), Kager, Krumlengenfeld und Siegenthan (alle genannt 1270) gehörten zur früheren Gemeinde Neukirchen. Mehrere Höfe in den vorgenannten Orten besaß das Kloster Ensdorf. Lange Zeit war Neukirchen Schulort, bis die Schule schließlich aufgelöst und die Kinder nach Dachelhofen umgeschult wurden. In dem Wettbewerb „Unser Dorf soll schöner werden" bekam Neukirchen mehrere Preise und darf sich somit als eines der schönsten Dörfer Bayerns bezeichnen.

Wiefelsdorf

Hart an der Kante des Jura liegt malerisch über dem Naabtal die Ortschaft Wiefelsdorf, zum ersten Mal in einer Urkunde des Papstes Lucius am 30. April des Jahres 1183 erwähnt. An diesem Datum wurde dem Domkapitel der Besitz der Kirche in diesem Ort bestätigt, und das Petruspatrozinium weist den Ort als Sitz einer Urpfarrei aus. Wiefelsdorf besaß vermutlich einen Adelssitz, ein Rudolf von Wibelsdorf wird hierher gerechnet. Neben dem Domkapitel von Regensburg waren die Landgrafen von Leuchtenberg Besitzer in Wiefelsdorf.
Vikare waren es, die den Ort ab der Reformationszeit kirchlich betreuten. Erst ab 1664 hatte die Pfarrei wieder einen eigenen Pfarrherrn. Den romanischen Kern der Kirche überdecken mehrere Umgestaltungen. Sehenswert ist die spätgotische Madonna mit Kind von 1470 und der Hochaltar aus dem Frührokoko um 1748. Im Inneren der Kirche finden sich zudem die Grabdenkmäler mehrerer Adelsgeschlechter, wie etwa der Wolf von Naabeck, der Spielberg, der Aretin und der Armannsperg. Unter großen finanziellen Opfern wurde der alte Pfarrhof restauriert, eine ehemalige Pfarrökonomie und ein kulturgeschichtliches Kleinod ersten Ranges. Der streitbare Pfarrer Kleber von Wiefelsdorf, ein Original, das sich oft mit den Nazis anlegte, ist in vielen Anekdoten bis zum heutigen Tag lebendig.
Zeuge einer Urkunde des Klosters Ensdorf ist 1202 ein Ulrich von Strießendorf, während Wöllmannsbach schon 1013 zur Grafschaft der Grafen von Ebb gehörte und 1029 eine Besitzung des Klosters Niedermünster war. Eine Kalkbrennerei am Ort war im 18. Jahrhundert nicht ohne Bedeutung. Der frühere Edelsitz Altenried und das aus jüngerer Zeit stammende Neuried gehörten zur ehemaligen Gemeinde Wiefelsdorf. Das Jura-Weizen der Brauerei Plank hat bei den Biertrinkern einen guten Ruf und macht den schattigen Biergarten des Brauereigasthofes im Sommer zum Ziel vieler Wanderer, Radfahrer und Touristen.

Zu einem Schmuckstück wurde die ehemalige Pfarrökonomie von Wiefelsdorf nach seiner Sanierung. Die Dreiseitanlage des repräsentativen Pfarrhofes bestimmt das Ortsbild, das Pfarrhaus stammt im Kern aus dem 16. Jahrhundert.

Ein beliebtes Ausflugsziel am Rande des Jura: Schwandorfs Mutterpfarrei Wiefelsdorf.

SCHWANDORF IM SPIEGEL DER ZEITEN

Lokale Daten · geschichtliche Ereignisse

864 Waltenhof (früher Gemeinde Bubach) erstmals urkundlich erwähnt und somit der älteste beurkundete Ort in der Großen Kreisstadt
994 Bei Lindenlohe wird ein Ritter des Bischofs Bernward von Würzburg geblendet
1006 erscheint „Suainicondorf" in den Büchern des Klosters St. Emmeram in Regensburg
1158 „statio navalis" ist eine Schiffsländе in Schwandorf genannt
1177 Das Kloster St. Emmeram besitzt eine Hofmark in Schwandorf
1234 Schwandorf ist Mittelpunkt eines Amtes
1285 erscheint Schwandorf als Markt
1286 (?) Dekanat „Schwainkendorf" zahlt „12 marc"
1299 Der Ort erhält die Privilegien einer „Bürgerlichen Rechtsgemeinde"
1318 Nachweis, daß das Domkapitel das Besetzungsrecht über die Pfarrei ausübte
um 1400 Bau der gegenwärtigen Pfarrkirche St. Jakob
1423 Die Pfarrei hat an Seelsorgern: 1 Pfarrer, 1 Gesellpriester, 2 Kapläne, 1 Frühmesser, 1 Englmeßkaplan, 1 Vikar in Haselbach, 1 Vikar in Kronstetten
1427 Hussiten in Schwandorf
1443 Gründung des Spitals
vor 1450 Baubeginn der Stadtbefestigung
1451 (?) Schwandorf erhält das Stadtrecht
um 1458 Beendigung der Stadtummauerung
1504 Brandschatzung Schwandorfs im Landshuter Erbfolgekrieg
1542 Im Neuburger Edikt befiehlt Ottheinrich die Reformation für seinen Herrschaftsbereich
1544 Pfarrer Anzinger tritt zum ev. Glauben über; Glaubenswechsel im Dekanat
1568 Bau der ev. Salvatorkirche (Wendelinplatz)
1574 Hexenprozesse in Schwandorf
1585 Die Pest grassiert
1617 Wiedereinführung des kath. Glaubens unter Herzog Wolfgang Wilhelm
1618-1648 Dreißigjähriger Krieg, der für Schwandorf besonders in der Endphase viel Unglück brachte: Am 20. Januar 1641 nahmen die Schweden den Ort unter ihrem General Baner ein, und er wurde gebrandschatzt.
1657 Merian beschreibt Schwandorf als eine „ziemlich lustig, aber kleine Pfalz-Neuburgische Statt"
1678 Bautätigkeit des ital. Baumeisters Pietro Spineta in Schwandorf mit dem Bau des Gewölbes der Pfarrkirche St. Jakob
1679 Bau der Marienkirche auf dem Kreuzberg
1685 Das Kapuzinerkloster wird erbaut
1742 Eröffnung der „Reichsposthalterei"
1782 Letzte beurkundete Hinrichtung durch das Schwert (Diebstahl)
1782-1784 Umbau und Barockisierung der Kreuzbergkirche (1945 zerstört)
1786 Auf seiner „Italienischen Reise" kommt Goethe durch Schwandorf
1796 Beschießung der Stadt durch die französische Revolutionsarmee unter Jourdan
1799 Auflösung des Pflegamtes Schwandorf
um 1800 Typhusepidemie
1802 Auflösung des Landgerichtes (Purifikation) und des Kapuzinerklosters (Säkularisation)
1806 Umwandlung der Taxischen Post in eine „Königlich-bayerische Post-Expedition"
1808 Abbruch des Rathauses am Marktplatz
1812 Konrad Max Kunz, Komponist der Bayernhymne, geboren
1813 Truppendurchzüge nach der Niederlage Napoleons in Rußland

1990 Abbruch des Hotels „Kloster"; Polizeiwache in Krondorf wird Jugendzentrum; St.-Barbara-Krankenhaus saniert; Klinik Lindenlohe erweitert; Beginn der Sanierung „Breite Straße"

1991 Um- und Erweiterungsbau des Postamtes; Alter Pfarrhof St. Jakob wird saniert; Steinberger Unterführung eröffnet

1992 Spatenstich zum Neubau des Elisabethenheimes am früheren Platz des Hotels „Kloster"; Baubeginn Parkdeck am Venus; Grundsteinlegung für Tierzuchtzentrum im Gleisdreieck; Sanierungsbeginn Sportgelände des 1. FC; Einweihung des renovierten Pfarrhofes in Wiefelsdorf; Grenzschutzabteilung Süd 5 wird aufgelöst; Triumph Adler schließt sein Werk in Schwandorf

1993 Erweiterungsbau der Sparkasse an der Bahnhofstraße; Neubau des Freibades an der Wackersdorfer Straße

Verzeichnis der wichtigsten Literatur zu Schwandorf

Glückauf an Naab und Vils. Heimatbuch für den Landkreis Burglengenfeld und die Stadt Schwandorf i. Bay. Schwandorf 1958

Der Heimaterzähler. Heimatbeilage für das „Schwandorfer Tagblatt" und die „Burglengenfelder Zeitung". Schwandorf 1949-1973

Hubmann, Georg: Chronik von Schwandorf. Amberg 1865

Jahresband zur Kultur und Geschichte im Landkreis Schwandorf Bd. 1 (1990) ff

Klitta, Georg: Das Finale des 2. Weltkriegs in Schwandorf. Schwandorf 1970

Pesserl, Joseph: Chronik und Topographie von Schwandorf, in: Verhandlungen des Historischen Vereins für Oberpfalz und Regensburg, Bd. 24 (1866). Unveränd. Nachdruck 1989

Salzl, Josef: Schwandorf, die Große Kreisstadt. Schwandorf 1977

Salzl, Josef: Die Slawen im Naabtal. Schwandorf 1990